Reinhart Lempp

Vom Verlust der Fähigkeit, sich selbst zu betrachten

Reinhart Lempp

Vom Verlust der Fähigkeit, sich selbst zu betrachten

Eine entwicklungspsychologische Erklärung der Schizophrenie und des Autismus

Verlag Hans Huber
Bern Göttingen Toronto

Die Deutsche Bibliothek – CIP-Einheitsaufnahme

Lempp, Reinhart:
Vom Verlust der Fähigkeit, sich selbst zu betrachten : eine entwicklungspsychologische Erklärung der Schizophrenie und des Autismus / Reinhart Lempp. – 1. Aufl. – Bern ; Göttingen ; Toronto : Huber, 1992
ISBN 3-456-82124-7

1. Auflage 1992

Satz und Druck: Konkordia Druck GmbH, 7580 Bühl
Printed in Germany

Für Annegret

«Imagination is more important than knowledge.»
Albert Einstein
(On science)

Inhaltsverzeichnis

Schizophrenie im Lichte der verschiedenen Schizophrenie-Theorien

Die Schizophrenie als Selbstheilungsversuch bei gestörter psychischer Entwicklung und als eine wegen Überstiegsverlust mißglückte Regression

Die klinische Erfahrung

Autismus infantum

Vorwort

Wenn man 35 Jahre lang als Arzt an einer klinischen kinder- und jugendpsychiatrischen Abteilung tätig war, dann ist es fast zwangsläufig, daß man sich auch mit dem Problem der Schizophrenie auseinandersetzt, auch wenn einem dieses Störungsbild bei Kindern ziemlich selten, häufiger schon bei Jugendlichen begegnet, jedenfalls nicht so häufig wie in einer Psychiatrischen Klinik.

Der Kinder- und Jugendpsychiater wird aber noch mit einem anderen psychiatrischen Krankheitsbild konfrontiert, das zunächst als etwas ganz anderes als eine Schizophrenie imponiert, bei näherem Zusehen aber dann doch bemerkenswerte Ähnlichkeiten zeigt, dem frühkindlichen Autismus. Diese Diagnose ist in der Psychiatrie auffallend spät als ein eigenes Krankheitsbild erkannt und beschrieben worden, erst durch Leo Kanner im Jahre 1943 in den USA und unabhängig davon von dem Kinderkliniker Hans Asperger in Wien 1944. Durch die Wirren der Nachkriegszeit wurde das in der deutschsprachigen Kinder- und Jugendpsychiatrie in der zweiten Hälfte der 50iger Jahre erst allmählich zur Kenntnis genommen und immer häufiger diagnostiziert.

Als der frühkindliche Autismus dann zur einigermaßen sicheren Diagnose geworden ist, fielen dem Kliniker aus seiner früheren Tätigkeit immer wieder Beispiele von Kindern mit diesem Syndrom ein, das er damals nicht recht einzuordnen wußte und eben als geistige Behinderung – Schwachsinn sagte man damals – oder als Psychopathie bezeichnet worden war. Die Psychopathie war sowieso als Sammeltopf für schwer einzuordnende Fälle geeignet. Mit der Diagnose war man aber, ebenso wie bei der Schizophrenie, noch weit davon entfernt, auch etwas über die Ursache und seine nosologische Einordnung zu wissen.

Besonders auffallend und auch wohl typisch war aber, daß die Erwachsenenpsychiatrie noch lange Zeit dieses Störungsbild überhaupt nicht zur Kenntnis nahm, obwohl diese Patienten ja auch älter wurden und dann in der Praxis des Psychiaters und in den psychiatrischen Kliniken, besonders in den Psychiatrischen Landeskrankenhäusern auftauchen mußten. Dort wurden sie dann auch meist als Psychopathen, als Oligophrene mit eigenartigen Teilbegabungen oder, seltener, als chronische Schizophrene eingeordnet. Noch Ende der 70iger Jahre war mir bei einem Referat über den frühkindlichen Autismus in einer Psychiatrischen Universitätsklinik aufgefallen, das dort weitgehende Unkenntnis darüber bestand. Wenn vor einem psychiatrischen Begriff das Eigenschaftswort «frühkindlich» stand, dann wurde er einfach ausgeklammert, da man ja dafür nicht zuständig war, so wie nach der Etablierung der Kinder- und Jugendpsychiatrie als eigenes Fach deren Literatur von der Erwachsenenpsychiatrie nur noch oberflächlich zur Kenntnis genommen wurde. Dabei gibt es zwar viele Kinder und Jugendliche, die noch nicht erwachsen sind, aber es gibt keinen Erwachsenen, der nicht einmal ein Kind und ein Jugendlicher gewesen wäre und der aus dieser Zeit Erfahrungen und Prägungen mitgenommen hätte in sein Leben als Erwachsener. Aber das ist vielleicht ein kaum zu vermeidender Prozeß der zunehmenden Spezialisierung in der Medizin, die auch vor der Psychiatrie nicht haltmacht.

Darum ist es wohl nötig, daß von der Kinder- und Jugendpsychiatrie aus einmal der Versuch unternommen wird, eine Brücke zu schlagen zur allgemeinen Psychiatrie. Sie verfügt nämlich über ein Wissenschaftsgebiet, das von der allgemeinen Psychiatrie im allgemeinen völlig ausgeklammert bleibt, obwohl es auch für deren Patienten von Bedeutung ist, die Entwicklungspsychologie.

Dieser «blinde Fleck» in der allgemeinen Psychopathologie ist wohl dadurch begründet, daß man dort – von der angeborenen oder früherworbenen Oligophrenie abgesehen – seit jeher, zumindest seit es eine systematische Psychiatrie gibt, also etwa seit Kraepelin, immer davon ausgegangen ist, daß es sich bei den Psychosen, dem Zentralproblem der Psychiatrie, um eine Krankheit handele, die gewissermaßen von außen in den Menschen hineingelangt ist oder endogen als Anlage von seiner Zeugung an in ihm schlummert. So schien es nicht sinnvoll, sich, wie etwa die Psychoanalyse oder allgemein die Neurosenlehre, mit der kindlichen Entwicklung des Menschen zu befassen.

Schon 1966 kam mir, wenigstens in Ansätzen, in einem Aufsatz über «Die Schizophrenie im Kindes- und Jugendalter» in der Zeitschrift für Allgemeinmedizin, «Der Landarzt», der Gedanke, die Entwicklungspsychologie in die Überlegungen miteinzubeziehen. Schon damals sah ich eine Verbindung zwischen der Schizophrenie und dem frühkindlichen Autismus. Zu diesem Beitrag hatte mich Walter Schulte angeregt, der ebenso wie mein anderer psychiatrischer Lehrer in der Zeit vorher, Ernst Kretschmer, stets offen und anregend war, über den engeren Zaun der klassischen Psychiatrie hinauszuschauen.

Bei der Verfolgung dieser Gedanken, immer wieder aufs Neue angeregt durch die klinische Erfahrung an und mit den Patienten und ihrem ebenso rätselhaften wie faszinierenden psychischen Bild, verdichtete sich dieser Forschungsansatz immer mehr und es entstanden weitere Veröffentlichungen darüber. 1973 veröffentlichte ich eine Monographie bei Huber mit dem Titel «Psychosen im Kindes- und Jugendalter». Meine Beiträge zu diesem Thema erschienen fast durchweg in kinder- und jugendpsychiatrischen Zeitschriften und wurden von den Kollegen des Fachgebiets auch mehr und mehr aufgenommen, nur die Erwachsenenpsychiatrie nahm, von wenigen Ausnahmen abgesehen (Blanckenburg, Scharfetter, Strobl und Resch, Tölle), noch kaum Notiz davon. Ein erstaunliches Verständnis und eine interessierte Aufnahme meiner Vorstellungen fand ich 1990 in Japan, wo sich ein ehemaliger DAAD-Stipendiat, Akira Yamamoto von der psychiatrischen Universitätsklinik in Osaka, um Übersetzung und Verbreitung bemühte.

So entstand dieses Buch mit dem Ziel, diese Vorstellungen von einer entwicklungspsychologisch begründeten Genese der Schizophrenie am Ende meiner klinischen Tätigkeit einmal zusammenfassend monographisch darzulegen. Es haben darin auch viele Anregungen und Erfahrungen meiner langjährigen Mitarbeiter im Klinischen Jugendheim der Abteilung für Kinder- und Jugendpsychiatrie der Tübinger Universität, vor allem auch der Pfleger, Schwestern und Erzieherinnen, die im Alltag auf den Stationen der Abteilung sich bei der Therapie dieser Patienten interessiert, engagiert und mitdenkend hilfreich waren, wie auch der Ärzte, Psychologen und Pädagogen Eingang gefunden. Ihnen habe ich sehr zu danken.

Stuttgart, im Mai 1991. Reinhart Lempp

Was ist Schizophrenie?

Was findet man darüber in den Lehrbüchern?

Wenn man in den verschiedenen Lehrbüchern nachliest, findet man allenthalben eine Aufzählung von Symptomen der Störung im Denken, Fühlen und Handeln eines Menschen, wobei aber alle Symptome für sich allein im Einzelfall nicht vorhanden sein müssen. Durchgehend findet sich dabei der Hinweis auf die Vielgestaltigkeit der Erscheinungsformen der Schizophrenie, die schon Manfred Bleuler veranlaßten, die Schizophrenie als eine Gruppe von Krankheiten zu interpretieren. Dennoch wurde noch vielfach an der Krankheitseinheit festgehalten. Sie wurde beispielsweise nachdrücklich noch 1972 in der sowjetischen Wissenschaft vertreten (Sneshnewski).

Aber schon in dem «Lehrbuch der Psychiatrie» von Eugen Bleuler (in der 11. Auflage, bearbeitet von Manfred Bleuler, von 1969) wird als charakteristisch für die Schizophrenie bezeichnet, daß das Gesunde dem Schizophrenen erhalten bleibe, es bestehe aber ein Mangel an Einheitlichkeit und Ordnung. Der Schizophrene zeige die Tendenz – unbekümmert um die Realität – ein Bild der Welt nach dem eigenen Wesen und den eigenen Wünschen zu schaffen, wobei Bleuler den Vergleich zum Traum, zum autistischen und archaischen Denkens heranzieht. Als primäre Symptome bezeichnet er Zerfahrenheit des Denken, die Unmöglichkeit, sich als einheitliche Person zu empfinden. Dazu treten dann noch viele Symptome, wie sie auch bei andern Psychosen vorkommen.

Tölle betont in seinem Standardlehrbuch «Psychiatrie», daß Schizophrenie im Erscheinungsbild und Verlauf so vielgestaltig und die Ätiologie so kompliziert sei, daß eine kurze Definition unmöglich erscheine und daher die Beschreibung relativ ausführlich sein müsse. Auch Scharfetter nennt sein Buch über die Schizophrenie, wohl eine der einfühlsamsten Arbeiten zu diesem Thema, «Schizophrene Menschen» und macht damit deutlich, daß er darauf verzichten muß, eine Krankheit zu beschreiben. Er ist auch einer der ersten Psychiater, welche die «als schizophren genannten Psychosen .... als Ergebnis einer Entwicklung» bezeichnet. Diese Undefinierbarkeit wird vielfach zugegeben, aber die Brauchbarkeit der Diagnose für die klinische Praxis betont, wie z.B. auch Ping-Nie Pao in seinem Lehrbuch «Schizophrenic disorders». In der DSM III, der internationalen Übereinkunft über die psychiatrischen Klassifikationen, wo übrigens auch nicht von Schizophrenie sondern von schizophrenen Störungen (in der Mehrzahl!) gesprochen wird, findet man auch nur ein Auflistung von Symptomen und grenzt diese Störungen nach bestimmten

Merkmalen, nach charakteristischen Symptomen, wie Leistungsabfall, Wahn, Halluzinationen, Denkstörungen formaler und inhaltlicher Art, Wahrnehmung, Umweltbeziehung und Wille ab, wobei eine affektive oder organische Störung als Ursache ausdrücklich ausgeschlossen wird. Eine solche Beschreibung dient zweifellos der Verständigung der Psychiater über ihre Falldefinitionen, sagt aber natürlich nichts über die Art und Ursache des Phänomens aus. Das war wohl auch nicht die Absicht der Verfasser, es macht aber das Dilemma, in dem die Psychiater stehen, deutlich.

Kurt Schneider hat sich in seinen Symptomen ersten und zweiten Ranges insoweit festgelegt, als nur das Vorhandensein eines der Symptome ersten Ranges die Diagnose «Schizophrenie» sichere. Mit dem Schizophrenie-Begriff löste Eugen Bleuler, von dem ja dieser wie auch der Begriff «Autismus» stammt, die Dementia praecox und die Dementia simplex, die Emil Kraepelin beschrieben hatte, ab, wodurch die Feststellung einer Demenz, eines Abbaus der Intelligenz, der lange Zeit dieser Psychose angelastet war, wieder eliminiert wurde.

Kraepelin und Bleuler kommt zweifellos das Verdienst zu, aus der unübersichtlichen Zahl psychischer Störungen eine Gruppe mit ähnlichem Verlauf und ähnlicher Symptomatik herausgeschält und zusammengefaßt zu haben. In der klassischen Psychiatrie wurde diese Krankheitseinheit «Schizophrenie» durch vier Untergruppen repräsentiert, die von den Medizinstudenten auswendig gelernt werden mußten: Die Katatonie, die paranoid-halluzinatorische Form der Schizophrenie, die einfach demente Form als Nachfolgerin der Dementia simplex Kraepelins und schließlich die Hebephrenie. Obwohl diese Einteilung in vier Untergruppen deutliche systematische Mängel aufwies, fand man sich damit durchaus ab, denn sie waren geeignet, im klinischen Alltag eine Verständigungsmöglichkeit und eine brauchbare Einteilung abzugeben. Die drei ersten Gruppen wurden nach ihrer vorherrschenden Symptomatik gebildet, wogegen die letzte, die Hebephrenie als «Jugendirresein», an das Alter der Erstmanifestation gebunden war. Sie war vor allem nach Kahlbaum und Hecker (zitiert nach W. Kretschmer) die Form der «Dementia praecox», die in der Pubertät, vor allem aber in der Postpubertät auftritt.

Ist Schizophrenie eine einheitliche Krankheit?

An der Krankheitseinheit dessen, was nun seit E. Bleuler unter der Diagnose Schizophrenie zusammengefaßt war, erhoben sich jedoch zunehmend Zweifel, vor allem von Janzarik und auch von Manfred Bleuler selber. Wie Ciompi betont, haben sich für die schizophrenieartigen Phänomene bisher weder einheitliche Ursachen eruieren lassen noch sei es gelungen, sie befriedigend abzugrenzen. Auch gebe es keinen irgendwie regelmäßigen Verlauf. Es hat sich tatsächlich bald nach Einführung des Schizophrenie-Begriffs durch Eugen

Bleuler das charakteristische Phänomen gezeigt, daß man gegenüber einer Unordnung jede einigermaßen plausible Ordnung gerne akzeptiert und diese dann auch gegen alle Zweifel aufrechtzuerhalten versucht, eben weil sie einem als Ordnung eine Hilfe bedeutet und man die Auseinandersetzung mit der Unordnung fürchtet.

Man hat darum an den vier Untergruppen der Schizophrenie um jeden Preis festgehalten und den Einzelfall zwanghaft zugeordnet und in eine der zur Verfügung stehenden Schubladen eingefügt, auch wenn er im Grunde gar nicht in die Schublade paßte, und die Schubladen schließlich klemmten.

Inzwischen spricht man immer mehr von den Schizophrenien in der Mehrzahl oder der Gruppe der Schizophrenien, und Ciompi bietet ein «vielleicht unbequemes», aber der komplexen Wirklichkeit möglicherweise besser angepaßtes Konzept, als die alte Lehre von einer starren «Krankheitseinheit Schizophrenie» und stellt fest, daß es tatsächlich keine Schizophrenie im alten Sinn mehr gäbe, sondern nur noch einen «grundsätzlich immer noch offenen Lebensprozeß bei Menschen mit einer besonderen Art von Verletzlichkeit, der bei ungünstiger Kombination einer großen Zahl von interagierenden biologischen und psychosozialen Variablen akut psychotisch entgleisen und sich manchmal schließlich auf maximale rigide, chronische Abwehrhaltungen, einengen kann». Er stellt damit in die Mitte des Schizophrenie-Verständnisses die Vulnerabilitäts- und Informationsverarbeitungshypothese, die wir hier unter Heranziehung der Erkenntnisse der Entwicklungspsychologie unterstützen und verifizieren möchten.

Immerhin ist es trotz dieser Unsicherheit um die Diagnose «Schizophrenie» und der Unkenntnis über ihre Nosologie erstaunlich, daß die Psychiater der ganzen Welt sich doch mehr oder weniger auf eine Gruppe psychischer Störungen einigen konnten, die man unter diesem Begriff weltweit zusammenfassen kann. So war schon Walter Schulte in einem Bericht über den internationalen Kongreß für Psychiatrie in Zürich 1957 beeindruckt vom «globalen Geschehen bei der Schizophrenie». Man mußte zwar, so schreibt er, manchmal den Eindruck gewinnen, daß die einzelnen Beobachter ganz verschiedene Krankheitsbilder vor Augen hatten, bzw. daß die Kranken ihnen andere Seiten zukehrten, dennoch beeindruckte die Verständigungsmöglichkeit über dieses Phänomen, besonders aber auch die Tatsache, daß die Schizophrenie offenbar keinen Bezirk auslasse, so, «als ob die Menschheit in knapp einem Prozent, unter welchen politischen, sozialen, rassischen Verhältnissen auch immer, ob in Krieg oder Frieden, ob in Glauben oder Unglauben, eine Art Soll erfüllen» müsse.

Eine gewisse Einheitlichkeit, zumindest für ein diesen Psychoseformen gemeinsames Phänomen, ergibt sich auch daraus, daß man in der Psychiatrie lange Zeit, und auch immer wieder beim diagnostizierenden Arzt, von einem «Schizophrenie-Gefühl» sprach. Der Begriff stammte von dem holländischen Psychiater Rümke. Als sich Irle in den 60er Jahren wissenschaftlich noch einmal in einer Umfrage bei Psychiatern um dieses Schizophrenie-Gefühl bemühte, erfuhr er einerseits Zustimmung und Bestätigung, andererseits aber heftigen Widerspruch, der allerdings nicht aus der klinischen Erfahrung bzw. der Tatsache entsprang, daß die Betreffenden ein solches Schizophrenie-Gefühl bei sich gegenüber einem fraglich schizophrenen Patienten nicht wahrgenommen hätten. Die Ablehnung kam vielmehr aus einer strikt naturwissenschaftlichen Denkweise, die es verbot, eine wissenschaftliche Diagnose anders als aufgrund objektivierbarer und möglichst quantifizierbarer Symptomatik zu stellen. Es kann nicht sein, was nicht sein darf.

Beschreibt man dieses Praecox-Gefühl, dann ist es das Gefühl einer tiefgreifenden Fremdheit gegenüber dem Denken, Fühlen und Handeln des Gegenübers, wie wenn der andere von einem anderen Stern käme oder einer völlig fremden, exotischen Kultur angehörte, was er aber nach Herkunft, Sprache und Erscheinung keineswegs tut. Daß es sich dabei oft nur um kurze, umschriebene Reaktionen handelt, die sich dem einfühlenden Verständnis völlig entziehen und diesen kurzdauernden Einbrüchen längere Phasen hinreichend normalen Verständnisses gegenüberstehen, führt dazu, daß es nur beim Gefühl einer gewissen Unstimmigkeit bleibt, daß unsere Begegnung mit diesen Menschen sich von einem üblichen und gewohnten Kontakt mit einem unserer Mitmenschen unterscheidet. Gerade daß wir von ihm üblicherweise wissen, daß er aus einem uns durchaus vertrauten Milieu und der gleichen soziokulturellen Umgebung stammt und die gleiche Sprache spricht wie wir, macht die Unstimmigkeit, den kleinen Rest an Unverständlichkeit so auffällig. Wäre der andere vom anderen Ende der Erde, aus dem Urwald, ein Angehöriger eines fremden Glaubens, würden wir die mehr erfühlte als erfaßte Unstimmigkeit in unserer Beziehung mit ihm eher auf seine objektive Fremdheit zurückführen, als auf eine psychische Störung.

Typischerweise versteht man demnach den fraglich Schizophrenen in seinem Handeln und in seinen affektiven Äußerungen nicht völlig, wobei zum Handeln auch die Sprache und das Tun und die Reaktionsweise gehören. Es kann auch sein, daß er affektiv nicht so ansprechbar ist, wie wir das von unseren Mitmenschen, mit denen wir zusammenleben, gewohnt sind. Er freut sich nicht oder ist nicht traurig, wenn konkreter Anlaß dafür bestünde. Er zeigt für seine Handlungen kein einsichtiges Motiv oder es fehlt ihm auch in einer Situation des Lebens jeder Antrieb etwas zu tun und zu reagieren, wie wir alle, wie jeder «Normale» sich veranlaßt sähe zu handeln und zu reagieren.

Besonders charakteristisch erscheint auch – wenigstens bei manchen dieser Menschen – daß sie an einem Kontakt mit uns nicht interessiert erscheinen. Dabei kann offen bleiben, ob sie auf den Kontakt verzichten wollen, weil sie auch uns nicht mehr zu verstehen scheinen und daher resignieren, einen gewünschten Kontakt herzustellen, oder aber, daß sie den Kontakt nicht mehr brauchen, weil sie mit sich selbst zufrieden sind.

Ein anderes charakteristisches Phänomen stellt der Wahn dar, die Herstellung eines Sinn-Zusammenhangs, den wir nicht nachzuvollziehen vermögen. Der Betreffende sieht Beziehungen und Folgerungen, die wir nicht sehen und die für uns unlogisch, ja fantastisch, erscheinen. Dies gilt vor allem dann, wenn diese Beziehungsvorstellungen nicht über längere Zeit in einem engeren Bereich fixiert bleiben, sondern sich immer weiter ausdehnen und immer weitere Personen, Situationen und Objekte in solche für uns unverständliche Beziehungen einbezogen werden.

Der schizophrene Autismus, die Objektivität und der Realitätsbezug

Eugen Bleuler hat als eine wesentliche Symptomatik der Schizophrenie den «Autismus» herausgestellt, die Selbstbezogenheit. Der Betreffende kann alles, was er erlebt und erfährt, was er denkt und fühlt, nur auf sich selbst beziehen und nur aus seiner eigenen Person heraus verstehen. Er ist im Grunde mit sich allein und vermag auch nicht mehr sich in andere einzufühlen, deren Reaktionen angemessen zu interpretieren und zu verstehen und schon gar nicht, sie vorauszusagen. Auch wenn er den Kontakt sucht, vermag er ihn nicht herzustellen.

Wenn wir auf diese Weise das Wesen der Störung bezeichnen, die wir im klinischen Alltag und im Sprachgebrauch mit dem Begriff Schizophrenie belegen, dann stellt sich die Frage, wie denn eigentlich die von uns als selbstverständlich erlebte Verständigungsmöglichkeit zwischen uns und unseren Mitmenschen entsteht. Sie ist uns so natürlich, daß wir uns in der Regel darüber gar keine Gedanken machen. Wir wissen zwar, daß die Sprache, die für uns ein zentrales, wenn auch nicht ausschließliches Mittel der Kommunikation und Verständigung bedeutet, von uns als Kind von unserer Umgebung erlernt wird, und daß wir je nachdem, wo wir aufwachsen, die entsprechende Sprache als Verständigungsmittel übernehmen. Wir erlernen als Kind die Bedeutung der Wörter, aber auch die Bedeutung der affektiven Ausdrucksformen, der Mimik und Gestik, wenngleich es dabei auch angeborene, vom Milieu weitgehend unabhängige Ausdrucksformen gibt, wie zum Beispiel das Weinen. Allerdings wissen wir von Papoušek und Papoušek, daß wir auch hierzu als Kind die entsprechende Reaktion unserer Umgebung benötigen und diese wiederum diejenige des Kindes, wenn wir diese Ausdrucksform auch in Zukunft beibehalten wollen oder sollen. Das Kind, auf dessen Weinen niemand helfend und tröstend reagiert, wird bald nicht mehr weinen. Bei älteren Kindern können wir beobachten, daß sie, etwa nach einem schmerzhaften Sturz, mit dem Weinen so lange warten, bis sie jemand gefunden haben, dem sie damit ihren Schmerz mitteilen können. Allerdings bleibt dem Kinde, das das Weinen verlernt, weil es keine positive Reaktion der Umgebung bewirken kann, der Ausdruck der stumpfen Traurigkeit. Auch er erscheint kulturell unabhängig. Offenbar ist es so, daß emotionale Äußerungen, auch das Lachen, angeborene Reaktionen sind, daß sie aber sehr wohl von der Reaktion der Umgebung gefördert oder gehemmt, aber auch geprägt werden können. Bemerkenswert ist jedenfalls, daß wir uns alle schon seit unserer Kindheit mit unserer unmittelbaren Umgebung über die Dinge, die wir gemeinsam erleben, über unser Denken, Fühlen und Handeln, recht gut verständigen können und die Dinge, die um uns herum sind, auch ziemlich einheitlich beschreiben und bewerten. Wir verstehen unsere gegenseitigen Gefühle nicht völlig, aber doch so weit, daß eine große Annäherung und ein einfühlsames Verständnis möglich ist.

Eine solche Entwicklung ist aber ja keineswegs selbstverständlich, und es lohnt sich, sich einmal Gedanken zu machen, woher die Struktur kommt, die wir in der uns umgebenden Welt erleben, aus ihr entnehmen oder die wir ihr zuordnen.

Die Theorie des Konstruktivismus nach von Foerster und nach von Glasersfeld, beruht auf der Erkenntnis, daß es eine Objektivität nicht geben könne, weil alles, was wir beobachten und feststellen, von unserer Beobachtungsfähigkeit und Interpretationsfähigkeit abhängig ist. Objektivität, so meint von Foerster, ist die Illusion desjenigen, der meint, etwas beobachten zu können ohne selbst daran beteiligt zu sein. Jeder Mensch konstruiert danach die ihn umgebende Welt entsprechend den ihm gegebenen Beobachtungs- und Erkenntnismöglichkeiten. Auch der amerikanische Forscher Gregory Bateson, der die Beziehungsstrukturen innerhalb einer Familie in ihrer Bedeutung für die Genese der Schizophrenie untersuchte, wies immer wieder darauf hin, daß das, was die Sinne dem Bewußtseinsfilm vermitteln, kein physisches Objekt ist, das in der physischen Welt existiere, sondern eine Reihe von Unterschieden, aus denen eine geistige Landkarte von Erfahrungen konstruiert wird – aber die Landkarte sei nicht das Territorium (s. Mary Catherine Bateson).

Daß wir uns dabei doch auf eine ziemlich einheitliche Form dieser uns umgebenden Welt einigen können und sie in einer Weise beschreiben, in der wir uns gegenseitig über diese Umwelt verständigen können, ihr sogar bestimmte Regeln und Gesetze zuschreiben, ist kein Beweis für eine Objektivität, sondern nur dafür, daß man sich unter pragmatischen Gesichtspunkten auf eine Interpretationsweise geeinigt hat.

Man muß dabei davon ausgehen, daß ein einheitlicher, in seiner Struktur gleichartiger, wenn auch im Einzelfall nicht völlig identischer «Apparat», der uns zur Beobachtung und zur Verarbeitung unserer Beobachtungen zur Verfügung steht, nämlich unsere Sinnesorgane und unser Gehirn, auch eine gewisse Einheitlichkeit und damit Austauschbarkeit unserer Beobachtungen gewährleistet oder bedingt. Dennoch bleibt dies eine Konstruktion, gebunden an unseren sensorischen und zentralnervösen Apparat und keine Objektivität. Man kann wohl davon ausgehen, daß eine Fliege mit ihrem Facettenauge oder ein Hund mit seinem hochentwickelten Riechorgan die Welt sehr viel anders «konstruiert» als der Mensch.

Diese vom Menschen, sei es aus Praktikabilitätsgründen, sei es bedingt durch seinen sensorischen und zentralnervösen «Apparat» verständigungsfähig konstruierte Umwelt und unsere Beziehung zu ihr, können wir als Realitätsbezug bezeichnen. Die psychische Störung, die wir unter dem Begriff Schizophrenie zusammenfassen, ist im wesentlichen dadurch bestimmt, daß der gemeinsame Realitätsbezug, d.h. die Verständigungsfähigkeit zwischen dem betroffenen Menschen und seinen Mitmenschen, nicht mehr, oder zumindest nicht mehr in allen üblichen Bereichen, gegeben ist. Auch bei Manfred Bleuler und Jakob Lutz wird der gestörte Realitätsbezug in eine Beziehung zur Schizophrenie gesetzt. Lutz spricht von der Wichtigkeit wirklichkeitsgerechter Verarbeitung der täglichen Probleme und M. Bleuler (1972) sieht als das Primäre im schizophrenen Geschehen die autistische Abwendung von der Realität.

Dabei ist die Störung dieses Realitätsbezugs für den einzelnen Menschen nur deshalb von Bedeutung, weil er damit in seiner Beziehung und in der Austauschfähigkeit über die gemeinsame Umwelt mit seinen Mitmenschen beeinträchtigt und behindert ist. Schizophrenie kann es daher nur in der Beziehung zwischen Menschen geben. Die abstrakte Figur des auf einer einsamen Südsee-Insel alleinlebenden Menschen, ein Robinson ohne Freitag, kann nicht an einer Schizophrenie erkranken, denn es gibt für sein Denken, Fühlen und Handeln keinen Vergleichsmaßstab. Kimura spricht deshalb in diesem Zusammenhang von einer Störung der Mitmenschlichkeit. Daß Kimura diese Mitmenschlichkeit nicht nur als psychosoziales Phänomen sieht, sondern darüber hinaus auch als leibbezogenes, das heißt psychosomatisch-biologisches Phänomen, betont die Betroffenheit des Menschen in seiner Gesamtheit. Im einzelnen braucht an dieser Stelle nicht näher darauf eingegangen werden. Doerner stellte diese Beziehungsstörung, durchaus unter Berücksichtigung konstruktivistischer Vorstellungen von der Unmöglichkeit völliger Kommunikation, in einem Vortrag in Tübingen am 13. Oktober 1987 wie folgt dar:

Er sagt, es sei nicht möglich zu sagen: «Ich verstehe dich», sondern es sei nur möglich zu sagen: «Ich verstehe mich in der Situation mit dir». Hierauf wird bei der Besprechung der therapeutischen Konsequenzen noch eingegangen werden müssen.

Wir müssen nach allem, was zur Objektivität und zum Konstruktivismus gesagt wurde, davon ausgehen, daß die Fähigkeit, unsere Umwelt so zu «konstruieren», daß wir mit unseren Mitmenschen über sie kommunizieren können, daß wir gemeinsam in dieser Umwelt agieren und diese Umwelt beherrschen können, daß wir gemeinsame Werte und Zielvorstellungen entwickeln, und daß wir uns über unsere eigenen Gefühle annäherungsweise verständigen können, daß diese Fähigkeit im Menschen nicht von vorneherein vorhanden ist, sondern im Laufe der frühkindlichen Entwicklung allmählich erworben wird.

Das Kind erlebt sich zunächst stets als im Mittelpunkt stehend. Es betrachtet und «konstruiert» seine Umwelt von dem Stand- und Blickpunkt aus, den es in dieser Umwelt zufällig einnimmt. Dies entspricht einem natürlichen Egozentrismus (Piaget) als einer normalen Durchgangsphase in der kindlichen Entwicklung. Dieser Egozentrismus bezieht sich aber nicht nur auf die Beziehungsstruktur des Kindes zu den Menschen und Dingen, mit denen und zwischen denen es aufwächst, auf sein emotionales Erleben. Es betrifft auch sein kognitives Umwelterleben. So erinnere ich mich selbst noch gut an eine Erfahrung in meiner Kindheit. Ein von mir vielbegangener Weg war eine Straße, bei welcher der Gehweg über eine längere Wegstrecke von 100 oder 200 m entlang einer Mauer führte. Die Straße und damit auch die Mauer verliefen in einer sanften Innenkurve. Wenn ich die Mauer entlangging, erlebte ich als kleines Kind immer, daß sich die Mauer allmählich immer mehr zur Geraden veränderte, bis ich zu ihrem Ende gelangte, weil ich die Biegung immer nur auf mich als den Betrachter beziehen konnte. Später, als ich älter geworden war, verschwand dieses subjektive Erleben, und ich war es selber, der um die Kurve ging. Der Sinneseindruck hat sich einer Objektivität oder einer gemeinsamen Realität angepaßt.

Zusammenfassung

Das psychische Störungsbild, das wir unter dem Begriff der Schizophrenie oder der Schizophrenien zusammenfassen, wird im allgemeinen in den Lehrbüchern der Psychiatrie durch eine Reihe von Symptomen gekennzeichnet. Im Grunde aber ist es gekennzeichnet durch einen Verlust an sonst selbstverständlicher zwischenmenschlicher Kommunikation und einen Verlust gegenseitigen Verständnisses. Die Kenntnis von der Bedeutung dieser verlorengegangenen oder zumindest eingeschränkten Fähigkeit, den anderen hinsichtlich seiner Handlungen, seiner Reaktionen und ihrer zugrundeliegenden Motivation wenigstens in Annäherung verstehen zu können, führt zu der Frage, wie denn die Menschen sich über die sie umgebende gemeinsame Umwelt und damit auch über sich selbst, gegenseitig verständigen können, nicht nur über die Dinge, sondern auch über ihre gegenseitigen Gefühle und Affekte.

Es sei hier auf die Theorie des Konstruktivismus (H. von Foerster, von Glasersfeld, G. Bateson) hingewiesen, wonach der Mensch die ihn umgebende Welt zwangsläufig nur selbst konstruieren kann, auch die Übereinstimmung, die er dabei mit seinen Mitmenschen in dieser Konstruktion findet. Diese ist zum Teil auf die gleichartige Struktur der die Umweltreize aufnehmenden Sinnesorgane und des menschlichen Gehirns zurückzuführen, teilweise bedeutet sie aber wohl auch eine Frage der Praktikabilität im Umgang miteinander. Die Störung, die wir Schizophrenie nennen, läßt sich so am ehesten als eine Störung des gemeinsamen Realitätsbezugs, also des Bezugs zu der uns umgebenden Umwelt, den wir mit unseren Mitmenschen teilen, interpretieren.

Die Realitätsebenen

Wie entsteht nun der Realitätsbezug beim Kinde?

Das Kleinkind nimmt, wie wir heute wissen, schon sehr früh einen sensorischen Kontakt mit seiner Umwelt auf. Während man früher vom «dummen» ersten Lebenshalbjahr gesprochen hat, ja dem Neugeborenen in den ersten Lebensmonaten eine Empfindlichkeit, auch eine Schmerzempfindlichkeit glaubte absprechen zu können, weil später eine Erinnerung an diese Zeit nicht mehr vorhanden ist, wissen wir heute, daß taktile Reize schon wenige Wochen nach der Zeugung im Mutterleib wahrgenommen und durch Reaktionen beantwortet werden, und daß Kinder schon in dieser fetalen Entwicklungsphase in der Lage sind, Gehörsreize wahrzunehmen (Bürgin). Das bedeutet aber auch, daß Kinder schon in dieser pränatalen Entwicklungsphase «Erfahrungen machen» können, d.h. also, daß sie schon in dieser Zeit beginnen, Einflüsse und Eindrücke, die sie von ihrer Umwelt empfangen, wahrzunehmen und von da an in einer unübersehbaren Reihe und Variabilität zu speichern, zumindest in Ansätzen. Die pränatale Psychologie (Fedor-Freybergh) hat gezeigt, daß beispielsweise Kinder, die während der Schwangerschaft mit einer bestimmten Art der Musik regelmäßig in Berührung gebracht waren, nach der Geburt auf dieselbe Art Musik, und eben nur auf sie, entsprechende Reaktionen zeigten. Auch reagierten Säuglinge auf Lärm von Düsenflugzeugen nicht mehr ängstlich und abwehrend, wenn ihre Mutter bereits während der Schwangerschaft solchem Lärm ausgesetzt war. Das bedeutet aber nichts anderes, als daß Kinder schon intrauterin «lernen» können. Für den Gesichtssinn kann das natürlich erst nach der Geburt gelten. Aber nach den Untersuchungen von Papoušek und Papoušek kann davon ausgegangen werden, daß schon wenige Wochen, ja Tage nach der Geburt auch visuelle Lernfähigkeit möglich ist.

Den Kontakt mit der Umwelt nimmt das Kind also sehr frühzeitig auf oder, so kann man auch sagen, die Umwelt wirkt schon sehr frühzeitig auf das Kind ein, und Umweltreize, sind sie nur hinreichend kontinuierlich und konstant, bilden den Grundstock der Erfahrung eines Kindes.

Man kann aber auch davon ausgehen, daß das Kind im Mutterleib, aber auch das Neugeborene und der kleine Säugling, wohl noch nicht unterscheiden kann zwischen propriozeptiven Reizen und Fremdreizen, d.h., daß das Kind in dieser Altersphase noch nicht unterscheiden kann zwischen sich und seiner unmittelbaren Umwelt. Der Säugling an der Mutterbrust fühlt sich – davon müssen wir wohl ausgehen – mit dieser Mutterbrust noch in einer Einheit, ja in einer Einheit mit der ganzen ihn umgebenden Welt.

Wann die Trennung zwischen dem Individuum Kind und seiner Umgebung eintritt, ist objektiv kaum festzustellen. Man kann aber dabei den überzeugenden Vorstellungen von Margret Mahler folgen, welche die Stufen der Individuation auch aufgrund subtiler Beobachtungen aufgezeigt und entwickelt hat. Sie spricht von einem «normalen Autismus» in den ersten Lebenswochen des Kindes mit der absoluten Abhängigkeit vom symbiotischen Partner und von der Bedeutung einer optimalen menschlichen Symbiose für die Wandlungen im Verlaufe der Individuation und der Errichtung eines «Identitätsgefühls», das hinsichtlich seiner libidinösen Beziehungen stabil ist. Das vom Kinde erlebte Aufeinanderfolgen von Befriedigung und Versagung fördert die Strukturalisierung. Auf die notwendigerweise selektive Reaktion der Mutter auf nur bestimmte Signale des Kindes ändert das Kind allmählich sein Verhalten, was nach Mahler zur Entwicklung allgemeiner Eigenschaften der kindlichen Persönlichkeit führt. Dies sei die Geburt des Kindes als Individuum.

Aber auch nach erfolgreicher Individuation, d.h. nach Erwerb der Fähigkeit zwischen Ich und Nicht-Ich zu differenzieren, erlebt sich das Kind selbst noch völlig im Mittelpunkt des Geschehens. Das Kind hat gewissermaßen noch ein ptolemäisches Weltbild.

Piaget spricht in diesem Zusammenhang von einer angeborenen Egozentrizität. Das Kind nimmt in dieser Altersphase noch an, jedermann denke notwendig so, wie es selbst denke, und kann sich davon abweichende Denkweisen gar nicht vorstellen. Piaget weist auf den Unterschied zwischen Objektivität und Realismus hin. Nach ihm besteht Objektivität darin, daß man «die tausenderlei Auswirkungen des Ich auf das Alltagsdenken und die tausenderlei Täuschungen – Täuschungen der Sinne, der Sprache, der Standpunkte, der Werte, usw. –, die sich daraus ergeben, so gut kennt, daß man, bevor man sich ein Urteil erlaubt, zuerst die Fesseln des Ich abstreift». Der Realismus hingegen besteht nach Piaget darin, daß man nicht wisse, daß es ein Ich gebe und deshalb die eigene Betrachtungsweise für unmittelbar objektiv und absolut hält. Er bezeichnet den Realismus als die anthropozentrische Illusion. Das seien alle diese Täuschungen, von denen die Geschichte der Wissenschaften übervoll seien. Solange das Denken nicht des Ichs bewußt werde, vermenge es ständig das Objektive mit dem Subjektiven, das Wahre mit dem Unmittelbaren. Abgesehen davon, daß es im Sinne des Konstruktivismus auch die von Piaget behauptete Objektivität nicht gibt, eben weil man gar nicht in der Lage ist, die Fesseln des Ich abzustreifen, so muß man aber doch verschiedene Abstufungen der Ich-Gebundenheit annehmen. Das Kind, nicht nur das Kleinkind, ist noch nicht in der Lage, seine eigene Denkweise und Erlebnisweise in Frage zu stellen, ist nicht in der Lage, sich selbst gewissermaßen von außen zu betrachten, d.h. einen Standpunkt auch nur gedanklich einzunehmen, der sich außerhalb seiner eigenen Vorstellungen befindet. Das ältere Kind lernt dagegen die Relativität seiner eigenen Person und seiner eigenen Denkweise zu erkennen und sie als eine in einer Kette anderer möglicher Denkweisen zu sehen, von denen der Mensch allerdings in aller Regel annimmt, daß die seine die richtige ist. Das ptolemäische Weltbild wird allmählich durch ein kopernikanisches ersetzt, in dem das Ich nicht mehr der Mittelpunkt ist, sondern eines unter vielen. Diese «kopernikanische Wende» tritt natürlich keineswegs plötzlich ein, sondern allmählich und ist nicht nur von der Alters- und Reifeentwicklung des Individuums abhängig, sondern auch von seiner Intelligenz und seinen Umweltbedingungen.

Ein weiteres Charakteristikum der kindlichen Entwicklung und seiner Beziehung zu seiner Umwelt ist auch der Konkretismus, die anfänglich noch bestehende Unfähigkeit, abstrakt zu denken, und damit hängt eng auch die Unfähigkeit des kleinen Kindes zusammen, auf verschiedenen Ebenen zu denken. So versteht das Kind – und auch viele unterbegabte Erwachsene – viele Formen des Humors, der Ironie oder auch beispielsweise den Sinn von Sprichwörtern und Gleichnissen noch nicht. Diese Fähigkeit entwickeln die Kinder erst im Laufe ihres Kleinkindesalters und der Vorschulzeit. Der Konkretismus ist übrigens eine typische Denk- und Erlebnisweise Schizophrener (Strobl und Resch).

Für den Realitätsbezug des Kindes bedeutet dies, daß die Realität, d.h. die Wirklichkeit, sehr global und noch undifferenziert wahrgenommen wird. Wenn Piaget bei der Besprechung des Traumes schreibt, das Kind verwechsle, wenn es zum ersten Mal träume, aller Wahrscheinlichkeit nach diesen Traum mit der Wirklichkeit, dann ist das zumindest (möglicherweise in der Übersetzung) unrichtig ausgedrückt. Abgesehen davon, daß man wohl nicht von einem «ersten Mal» sprechen kann, daß ein Kind träumt, da auch der Traum, wie alle Erfahrungen, aus unbestimmten Eindrücken während des Schlafes sich wohl erst allmählich als ein eigenes Erleben für das Kind differenziert, so verwechselt das Kind nicht den Traum mit der Wirklichkeit, sondern Traum und Wirklichkeit sind für das Kind eine Einheit.

Deswegen unterscheidet auch das Kind nicht zwischen seinen eigenen Vorstellungen von dieser Umwelt und der Umwelt, wie sie von seinen Mitmenschen erfahren, erlebt und beschrieben wird. Allerdings beginnt schon in einem sehr frühen Alter, wohl am Ende des zweiten Lebensjahres und während des dritten Lebensjahres, das Kind zu erkennen, daß seine ihn umgebenden Bezugspersonen manche konkreten Dinge der gemeinsamen Umgebung anders beurteilen und bewerten als das Kind selbst.

Das Kleinkind, auch noch mit drei und vier Jahren, spielt beispielsweise mit einem Holzstück und macht es im Spiel zu einem menschlichen Wesen, zu seinem Spielpartner oder auch zu seinem Kind. In diesem Augenblick ist dieses Stück Holz genauso lebendig und in seiner Beziehung ebenso wichtig für das spielende Kind, wie ein lebendiger Mensch. Wenn nun beispielsweise die Mutter ins Zimmer kommt und das Kind anspricht, es möge ihr doch das Stück Holz geben, so wird das Kind vielleicht protestieren und sagen: «Das ist doch kein Holz, das ist mein Kind, das ich gerade bade oder anziehe», es könnte auch sein, daß das Kind, ohne zu protestieren, das Holzstück sofort der Mutter gibt, weil es offenbar schon weiß, daß für die Mutter dieses Stück Holz nicht das Kind des spielenden Kindes ist, sondern eben ein Holzstück. Wenn dann die Mutter, vielleicht in Erkenntnis der Bedeutung dieses Holzstücks für das Kind, ihm dasselbe überläßt, nimmt das Stück Holz für das Kind sofort wieder die lebendige Rolle des Kindes an.

Das bedeutet aber, daß das Kind zwei verschiedene Beziehungen zu der es umgebenden Realität entwickelt.

Die verschiedenen Realitätsebenen

Wir unterscheiden hierbei die *gemeinsame Realität* oder die *Hauptrealität* und die Nebenrealität.

Unter der gemeinsamen oder Hauptrealität verstehen wir die Beziehung zu der Umwelt, soweit sie in weitgehender Übereinstimmung mit derjenigen steht, welche die Mitmenschen des Kindes entwickelt haben und ihm durch ihr Verhalten und Handeln vermitteln. Die Betrachtung des Stückes Holz als Holz und nichts anderes entspricht der gemeinsamen oder der Hauptrealität. Die Nebenrealität entspricht der Beziehung des Kindes, die nur für das Kind selbst Gültigkeit hat, die für das Kind eine ganz eigene Beziehung zur Welt des Kindes darstellt und sich von der Hauptrealität klar unterscheidet.

Wir bezeichnen diese Beziehung als *Nebenrealität* und nicht als Phantasie oder Irrealität, um damit deutlich zu machen, daß sie für das Kind zumindest zunächst die gleiche Bedeutung und Wichtigkeit beinhaltet wie die gemeinsame Realität, die es mit den Erwachsenen, mit denen es zusammenlebt, teilt. Ja wahrscheinlich ist sogar die Nebenrealität zunächst einmal die für das Kind wichtigere Beziehungsebene. Sie wird vom Kind zuerst aufgebaut und ausgestaltet und erst allmählich von der Hauptrealität verdrängt. Wenn das Kind spielt – und das gilt im übrigen gar nicht nur für die Kinder, sondern auch für die Erwachsenen, wenn sie spielen – dann leben sie in ihrer Nebenrealität. Es ist darum auch falsch, wenn die Erwachsenen das Spiel der Kinder nicht ernst nehmen und es als Phantasie oder «nur als Spiel» abzuwerten versuchen. Kinder spielen im übrigen immer nur das, was sie auch die Erwachsenen oder älteren Kinder tun sehen. Sie ahmen diese nach und übertragen deren Handlungen und Verhaltensweisen in ihre Nebenrealität. Das gilt für jedes Spiel, das frei gestaltet wird und nicht bestimmten «Spielregeln» unterworfen ist, denen man sich seinerseits unterwirft. Wenn also größere Kinder «Räuber und Polizist» spielen oder «Krieg», wie sie es im Fernsehen gesehen haben, dann ahmen sie die Erwachsenen nach und übertragen deren Handlungsweisen in eine in der gemeinsamen Realität nicht bestehende Situation, eben in eine Nebenrealität. Das gilt in gleicher Weise für das Spiel mit Puppen und ihre Pflege, in welcher das Kind die Verhaltensweisen der eigenen Mutter imitiert und in eine Nebenrealität überträgt.

Kinder wollen eigentlich auch nicht «spielen», d.h. sie wollen nichts Unernstes, Unwichtiges tun, sondern sie wollen das tun, was auch Erwachsene, die sie um sich herum erleben, tun oder was sie in Bildern, Filmen oder Videos sehen können. Wo sie dabei an die Grenzen der Hauptrealität stoßen, ergänzen sie die Situation durch ihre Nebenrealität. In diese können sie auch ihre Spielpartner mit einbeziehen oder sich von diesen in deren Nebenrealitäten einbeziehen lassen.

Da die Nebenrealität im täglichen Leben nicht mit den Erwachsenen geteilt werden kann, ist das Kind ihr aber auch in viel stärkerem Maße ausgeliefert und kann durch sie bedroht sein. Hier ist wohl auch ein Grund dafür zu sehen, daß viele Kinder auf bestimmten Übergangsobjekten im Sinne von Winnicott bestehen, weil das eigentliche Objekt, im allgemeinen für das Kleinkind die Mutter, in deren Abwesenheit nicht in der Vorstellung – das heißt in der Nebenrealität – festgehalten werden kann und durch ein Übergangsobjekt, ein Tuch, eine Puppe, ein Stofftier, stellvertretend festgehalten werden muß. Dieses Übergangsobjekt ist ein konkreter Gegenstand, der in beiden Beziehungsbereichen, sowohl in der Nebenrealität wie in der Hauptrealität, vorhanden und «greifbar» ist, aber in den verschiedenen Realitäten eine unterschiedliche Wertigkeit annehmen kann.

Dasselbe gilt für die verschiedenen Rituale, welche Kleinkinder zeigen, etwa beim Ins-Bett-gehen, beim Ankleiden oder anderen regelmäßg wiederkehrenden Verrichtungen. Die Ordnungsstruktur wird in diesen Ritualen durch ständige und regelmäßige Wiederholung in derselben Situation eingeübt und fixiert. Sie bildet einen Weg zur Hauptrealität und bedeutet in der Unsicherheit zwischen diesen verschiedenen Realitätsbezügen einen stabilisierenden und angstvermindernden Faktor.

Daß auch bei älteren Vorschulkindern, vor allem bei phantasiebegabten und ausdrucksbereiten Kindern die Nebenrealität noch eine erhebliche Bedeutung haben kann, zeigt die folgende kleine Begebenheit:

Ein etwa fünfjähriges Kind fährt mit seinen Eltern und mehreren, überwiegend älteren Geschwistern eines Sonntags zu einem Ausflug weg. Die Familie verläßt ihr Auto bei einem Wanderparkplatz und wandert durch Wiese und Wald zu einem Rastplatz. Unterwegs findet dieses Kind ein auffällig geformtes Holzstück, das es als sein «Hackebeil» bezeichnet und mit dem es intensiv spielt. Nach gemeinsamer Rast macht sich die Familie wieder auf den Weg zum Auto auf dem Wanderparkplatz. Nach einiger Zeit bemerkt das Kind plötzlich, daß es sein «Hackebeil» nicht mehr bei sich hat. Es fällt ihm ein, daß es dieses am Rastplatz zurückgelassen hat, und es ist darüber untröstlich. Alle Versuche der Eltern und Geschwister, sie darüber hinwegzutrösten, es sei ja nur ein Stück Holz gewesen, und man könne vielleicht ein ähnliches finden, können das Kind nicht beruhigen. Da die Familie mit dem Auto auf anderem Weg zum Rastplatz fahren kann und dort das verlorene Objekt gefunden wird, löst sich die Tragödie zur Zufriedenheit auf.

Es ist ganz eindeutig, daß das Kind sich in zweifacher Weise mit dem «Hackebeil» identifiziert hat: Im einen Fall erlebte es sich selbst in der Rolle des zurückgelassenen und von allen anderen verlassenen «Hackebeils», das nun völlig allein auf dem leeren Platz zurückgeblieben ist. Zum anderen identifizierte es sich wohl als die für das «Hackebeil» verantwortliche Person, wohl als Mutter, die versäumt habe, diesem Objekt den nötigen Schutz zu bieten, und die es verlassen hat. Die Nebenrealität hatte für das subjektive Erlebnis des Kindes und seine Äußerungen in Qualität und Quantität uneingeschränkt den Charakter einer Realität.

Ein weiteres Beispiel einer solchen Nebenrealität ist die Beobachtung bei einem zweieinhalbjährigen Mädchen, das intensiv mit einem imaginären kleinen Ball nach Art eines Tischtennisballes spielt. Es hatte vorher mit einem solchen real vorhandenen Ball gespielt. Nachher, als ihr dieser nicht mehr zugänglich war, spielte sie weiter mit einem, den sie nur in der Vorstellung in ihrer Hand hielt. Dabei war bemerkenswert, daß sie, als sie eine Treppe hinuntergehen wollte, auch diesen kleinen Ball ihrer Nebenrealität in die andere Hand nahm, um sich am Treppengeländer halten zu können. Auf gleiche Weise verfuhr sie, als sie anschließend ihren Mantel anzog. Dies zeigt den hohen «Realitätsgehalt» eines nur in der Vorstellung vorhandenen Gegenstandes für das Kind dieses Alters, was uns berechtigt, von Nebenrealität zu sprechen und nicht von Phantasie oder Irrealität.

Die Bedeutung der Nebenrealität oder der ganz individuellen, mit niemand geteilten Phantasie des Individuums, die, wie wir sahen, beim Kind einen großen offenen und ungeschützten Raum einnimmt, an dem das Kind die es umgebenden Erwachsenen teilnehmen ließe, wenn diese nur bereit wären, diesen Erlebnisbereich des Kindes als dessen eigenes Anrecht anzuerkennen, können wir auch bei manchen Schriftstellern, insbesondere bei Autobiographen erfahren, die sich an ihre eigene Kindheit erinnern und darüber schreiben, so z. B. bei von Kügelgen in seinen «Jugenderinnerungen eines alten Mannes». Es schildert das Spiel seiner Schwester mit ihrer Puppe Salli, die von einem Erwachsenen achtlos von einem Stuhl genommen wurde, wo sie unter Tüchern vergraben war. Als seine kleine Schwester dabei plötzlich in verzweifeltes Weinen ausbrach, konnte nach ernstlichen Befürchtungen erst allmählich erfahren werden, daß die Puppe Salli an Scharlach erkrankt war und im Schweiß gelegen habe und sich nun dadurch, daß sie aufs kalte Fensterbrett gelegt wurde, nach der Befürchtung des Mädchens ernstlich erkältet haben müsse. «So ernsthaft war die Szene», schreibt von Kügelgen, »daß niemand lachte. Vielmehr war jedermann bemüht, zu trösten und Mittel anzugeben, wie die Erkältung unschädlich zu machen sei...». Tatsächlich läßt sich immer wieder beobachten, wie Kinder etwa im zweiten und dritten Lebensjahr in einer gespielten Situation völlig aufgehen und auch echte vegetative Reaktionen zeigen können. Beim Arztspiel bot beispielsweise ein dreijähriger Junge als «Patient» vegetative Symptome, so daß die hinzukommende Tante – eine Ärztin! – ihn für Augenblicke für tatsächlich krank hielt.

So bietet das kindliche Spiel eine wichtige Betrachtungsmöglichkeit für das, was wir als «Realität», als «Nebenrealität» oder auch als Phantasie und Irrealität bezeichnen. Aus der Sicht der Erwachsenen ist das kindliche Spiel eine Form der Tätigkeit in der Irrealität. Dies ist aber eine Beschreibung aus der Sicht des Erwachsenen, die einer genauen Prüfung nicht standhält. Wenn wir das kindliche Spiel beobachten, insbesondere das nicht von Erwachsenen bewußt als Spiel gesteuerte Verhalten der Kinder nach bestimmten Regeln, sondern das freie, aus der kindlichen Phantasie herausgewachsene Tun, dann kann man feststellen, daß die Kinder eigentlich immer nur das tun, was sie bei den Erwachsenen miterleben. Sie versuchen sich so zu verhalten und das nachzuahmen, was sie bei den Erwachsenen gesehen und erlebt haben.

So gesehen ist das kindliche Spiel aber sehr real und entstammt thematisch und in der Form der gemeinsamen Realität der Erwachsenen. Das Spiel ist eine Kopie dessen, was die Kinder als in der Erwachsenen-Wirklichkeit vorkommend erlebt haben und was dort gerade auch bei den Erwachsenen besondere Aufmerksamkeit fand. Ja, selbst wenn Kinder gegen die Jungen der anderen Straße Fußball spielen, dann soll dies in den Augen der Kinder einem tatsächlichen Bundesliga-Spiel möglichst nahekommen, und im subjektiven Erleben besteht kaum mehr ein Unterschied.

Das bedeutet doch, daß die Kinder die gemeinsam erlebte Realität wiederholen, und nur die momentane Situation und der Stellenwert des Spiels in den Augen der Erwachsenen verweist das Spiel in den Bereich der Irrealität und der Phantasie. Schon deswegen ist der Begriff «Nebenrealität» angemessener, weil die Situation für das Kind durchaus gleichwertig, ja manchmal höherwertig ist als das, was sich in der gemeinsamen Realität mit den Erwachsenen abspielt.

Die therapeutische Wirkung des kindlichen Spiels, sei es im Sceno-Kasten, sei es im Spiel mit Puppen oder im Psychodrama, ist doch diejenige, daß hier das Kind aktiv mit der es umgebenden Welt und ihren Problemen umgehen kann und dieser Welt nicht mehr einfach passiv ausgeliefert ist. Eine solche therapeutische Wirkung durch das Erleben einer Aktivität im Spiel wäre aber kaum denkbar, wenn es sich wirklich nur – auch in der Vorstellung des Kindes – um etwas Nebensächliches, etwas neben der Sache, d.h. der Wirklichkeit Stehendes wäre. Nur die erlebte Realität, die gleichberechtigt neben der gemeinsamen, mit den Erwachsenen und den anderen Kindern geteilten Realität steht, eben eine Nebenrealität, kann solche Erlebniswirkungen hervorrufen.

Zur Realitätskonstruktion gibt es im übrigen Theorien aus verschiedenem Ansatz. So betont Oerter, daß dem Verständnis von Realität die Annahme zugrunde liege, daß das Handeln, das Realitätsentwürfe erzeuge, selbst «real» sei. Die Aufgabe dieser Basis würde alles Folgende nicht mehr ableitbar machen. Das Handeln als objektiver und realer Prozeß besitze zwei Eigenschaften, die zugleich realitätserzeugend wirken, nämlich die vergegenständlichte Wirkung und die Gesellschaftlichkeit. Im übrigen liege es nahe, die Betrachtungsweise von menschlicher Entwicklung als adaptive Realitätskonstruktion praktisch anzuwenden. Unter dem Aspekt von Entwicklung sei vor allem der Aspekt der gerichteten Unterstützung der Realitätskonstruktion wichtig. Die Richtung aber, welche die Realitätskonstruktion nehmen soll, sei durch die objektive Struktur vorgeschrieben. Oerter weist auch auf die Orientierung an der Kultur hin, in der menschliche Individuen leben und durch die sie geprägt sind. Die Analyse der objektiven Struktur als Ordnung vorgegebener Handlungsmöglichkeiten sei genauso wichtig wie die Untersuchung der subjektiven Realitätskonstruktion.

Oerter bleibt aber bei der Erörterung dieser Realitätskonstruktion im Grunde bei der gemeinsamen oder Hauptrealität stehen, die er offenbar allein unter dem Begriff der Realität betrachten will. Die Bedeutung der subjektiven individuellen Umweltbeziehung bleibt dabei unberücksichtigt.

Auch Silbereisen bleibt bei seiner Erörterung sozialer Kognition, d.h. von sozialem Wissen und Verstehen, bei der Hauptrealität stehen. Er zitiert Selman mit einer Stufenkonzeption der Entwicklung sozialer Perspektivenkoordination. Er betont die Bedeutung des «kognitiven Konflikts», der das subjektive Erleben eines Widerstands bezeichnet, den ein Objekt, sei es ein physikalisches Ding oder eine Person oder ein sozialer Sachverhalt, seiner Assimilation den Erkenntnismöglichkeiten des Subjekts entgegensetzt. Diese sind jedoch durch den Entwicklungsstand bestimmt. Die Ausbreitung und Stabilisation dessen, was wir Hauptrealität bezeichnen, faßt er unter den Begriff der Fähigkeit zur perspektiven Koordination zusammen.

So ist es im Grunde bemerkenswert, daß von der etablierten entwicklungspsychologischen Forschung die Bedeutung dessen, was wir als Nebenrealität bezeichnen, für das spätere Leben und für die psychische Entwicklung weitgehend vernachlässigt wird. Es ist so, als ob diese Nebenrealität, die kindliche Phantasie, etwas sei, was im Hinblick auf das Erwachsenwerden zu überwinden ist. Es wird zwar das Phänomen beschrieben, wenn von magisch-mystischer Denkweise oder vom Animismus im Sinne von Piaget gesprochen wird. Es erscheint aber immer nur als ein vorübergehendes Phänomen, und es wird offenbar nicht wahrgenommen, daß diese Denk- und Erlebnisweise zwar etwa mit dem Ende des Vorschulalters keine Äußerung mehr erfährt, daß sie aber gleichwohl weiter bestehen bleibt und damit auch eine psychologische Bedeutung hat. Zwar wird der Animismus, d.h. die Vorstellung, auch unbelebten Gegenständen eine Art Seelenleben zuzumessen, zweifellos überwunden und vom erwachsenen Menschen unserer Kultur nicht mehr akzeptiert. Dieser Mensch ist aber zweifellos bereit und fähig, in Tagträumen sich über jede Realität hinwegzuheben und sich Erlebnisse, Handlungsweisen und vor allem Rollen auszudenken und auszumalen, die in der gemeinsamen oder Hauptrealität keinen Raum mehr haben. Der Animismus, die Beseelung toter Gegenstände, findet – von sogenannten primitiven Völkern abgesehen – bei uns auch im Aberglauben, im Talisman und wohl insgeheim in vielen Kleinigkeiten doch noch eine Fortsetzung über die Kindheit hinaus.

Die Bedeutung der Nebenrealität für Erwachsene

Im Laufe der kindlichen Entwicklung kommt es allmählich zu einem Übergewicht der Hauptrealität unter gleichzeitiger Abwertung der Nebenrealität. Dies gilt allerdings nur im Kontakt mit anderen, vor allem erwachsenen Personen, d.h. in der Beziehung der Hauptrealität wird die Beziehung zur Nebenrealität abgewertet, ja verachtet und nicht mehr eingestanden.

Tatsächlich bleibt die Nebenrealität in ihrer großen Bedeutung bestehen. Auch Erwachsene haben ihre Tagträume und ihre Phantasiebereiche, in die sie sich flüchten. Es ist ihnen aber peinlich, darüber zu sprechen und allenfalls bei der psychoanalytischen Behandlung auf der Couch offenbaren sie diese Phantasievorstellungen, ihre Nebenrealitäten in der Sicherheit der Schweigepflicht des Analysanten.

Die Nebenrealität hat auch für den erwachsenen Menschen eine große psychohygienische Bedeutung insofern, als er in ihr psychische Belastungen, Frustrationen, Kränkungen abwehren, ausgleichen und kompensieren kann.

Der Traum hat wohl eine enge Berührung mit der Nebenrealität, ist aber nicht dasselbe. Phantasien der Nebenrealität können in die Träume eingehen, wie wir wissen. Im Gegensatz zu den steuerungsfähigen Tagträumen, die immer der Nebenrealität entsprechen, sind die Träume der Nacht einer willkürlichen Themenwahl nicht zugänglich, sondern man ist ihnen ausgeliefert. Gleichwohl stellen sie eine weitere ganz individuelle Erlebnisebene, gewissermaßen eine weitere Nebenrealität dar, die allerdings, sobald wir aufwachen, in ihrer Bedeutung deklassiert wird, da es sich ja «nur um einen Traum» gehandelt hat. Dies gilt vor allem für den aufgeklärten Menschen. Das Kind und der einer magisch-mystischen Welt zugängliche Mensch, wird sich vielleicht durch diese von ihm nicht gewählte Nebenrealität, der er sich im Schlaf unterworfen sieht, nachhaltiger beeindrucken lassen. Für ihn bleibt auch der Traum eine weitere und für ihn sehr bedeutungsvolle Realität. Dies wird durch die große Bedeutung, die Träumen in der Kultur- und Geistesgeschichte zugemessen wurde, deutlich. Im Altertum wurden offenbar weitreichende politische oder militärische Entscheidungen von Träumen abhängig gemacht. Ihrer Nebenrealität wurde damit ein gleichrangiger Stellenwert eingeräumt wie der Hauptrealität. Wahrscheinlich gab die Nebenrealität der Träume bei bestehender Ambivalenz den Ausschlag.

Die einzige Form der Nebenrealität, über die auch der Erwachsene noch frei zu sprechen vermag, und die er auch öffentlich darstellen darf, ist die Kunst, sowohl die sprachliche wie die bildnerische Kunst und nur in sehr abstrakter Weise die Musik. Hier darf der Künstler, insbesondere der Maler, seiner Phantasie freien Ausdruck verleihen, sofern er sich nicht der Reproduktion der gemeinsamen Realität verpflichtet fühlt.

Ein weites Feld der Nebenrealität findet die Kunst im Film mit seinen großen Möglichkeiten der Illusion und der visuellen Verschmelzung von Bildern, die an der gemeinsamen Realität orientiert sind und anderen Szenen, die davon unabhängig sind. Es gibt eine ganze Reihe von Filmregisseuren, die den Wechsel von verschiedenen Realitätsebenen zur virtuosen Kunst entwickelt haben, wie insbesondere Fellini, beispielsweise in seinen Filmen «acht einhalb» oder «Die Stimme des Mondes» . Freud spricht in diesem Zusammenhang von «Zwischenreich der Phantasie» und Winnicott von der Kreativität als dem intermediären Bereich zwischen der Innenwelt des Kindes und der Umwelt, also zwischen der inneren und der äußeren Realität (zitiert bei M. Günter).

Es ist dies vielleicht auch ein Grund, warum abstrakte und von der gemeinsamen Realität abweichende Darstellungen in der Malerei und in der Literatur von den autoritären Regimen und Diktaturen als «entartete Kunst» verboten und verfolgt werden, weil es dort nicht erlaubt sein kann, die Hauptrealität zu verlassen und einer rein individuellen Realität nachzugehen, vor allem, sie anderen zum Vergleich oder zur Teilnahme anzubieten.

Unter dieser Betrachtungsweise stellen sich das Theater, aber auch weite Bereiche der Literatur, vor allem die Romane, als Angebote dar, die Nebenrealität des Autors für den Kreis der Zuschauer oder Leser als gemeinsame Hauptrealität wenigstens für diesen Kreis der Teilnehmenden zu übernehmen. Das gelingt immer dann besonders gut, wenn die Nebenrealität des Schriftstellers einer weit verbreiteten oder gar generellen Wunschvorstellung seiner Mitmenschen entspricht, etwa dem Wunsch nach Gerechtigkeit, nach überlegener Stärke und nach Überwindung menschlicher Grenzen. So befriedigt der klassische Kriminalroman ebenso wie der klassische Western dem Wunsch nach Wiederherstellung einer gerechten Ordnung, so erfüllt der Superman als Identifikationsobjekt die Träume des stets Unterlegenen und ebenso entspricht der science-fiction-Roman oder -Film dem uralten Ikarus-Traum.

Diese Menschheitsträume und -hoffnungen stellen damit so etwas wie eine «gemeinsame Nebenrealität» dar, als einen Vorstellungsbereich, den der einzelne Mensch mit vielen seiner Mitmenschen teilt, also mit ihnen gemeinsam hat, die er aber doch in seiner Phantasie ganz individuell, d.h. unter Beteiligung seiner eigenen Person, ausgestaltet und sich scheut, sie anderen gegenüber mitzuteilen. Der Roman, das Theaterstück oder der Film machen jedoch eine solche Mitteilung ohne Einbeziehung der eigenen Person, gewissermaßen anonym möglich.

Zwischen der ganz individuellen Nebenrealität, die der betreffende Mensch, sei er ein Kind oder ein Erwachsener, für sich behält und die nur für ihn erfahrbar bleibt und Gültigkeit besitzt, auf der einen Seite, und der Hauptrealität, die derselbe Mensch mit seinen Mitmenschen, ja mit allen Menschen in seinem ganzen Kulturbereich teilt, gibt es eine Reihe von Zwischenformen einer nicht mehr nur individuellen, sondern mit einigen wenigen geteilten Nebenrealität.

Deutlich wird dies, wenn zwei Kinder miteinander eine Geheimsprache entwickeln, oder noch deutlicher, wenn zwei autistische Geschwister eine gemeinsame Sprache sprechen, an der aber niemand anders teilnehmen kann.

Jede Familie, vor allem wenn sie mehrere Kinder hat, entwickelt erfahrungsgemäß eine «Familiensprache», die neben der allgemeinen und allen verständlichen Sprache einen gewissen Raum einnimmt mit Begriffen, Sätzen, Zitaten und Sentenzen, die nur für die Familienmitglieder in ihrem Bedeutungsgehalt, vor allem in ihrem spezifisch emotionalen Bedeutungsgehalt verständlich bleiben, eine Erfahrung, die dazutretende Schwiegerkinder oft schmerzlich erleben müssen.

Man kann in dieser Vorstellung weitergehen und jede gemeinsame Idee einer kleinen Menschengruppe, die sich von der der übrigen Mitmenschlichkeit abgrenzt, als eine solche «gemeinsame Nebenrealität» bezeichnen. Dies gilt beispielsweise für jede Form der Sektenbildung. In diesem Zusammenhang ist es möglich, da religiöses Denken in besonderem Maße von abstrakten Vorstellungen, vom Glauben abhängig ist, von einer «gemeinsamen Nebenrealität» zu sprechen, die – und das ist nur eine Frage der Majorität, bzw. der sozialen Integration dieser gemeinsamen Vorstellungen – abhängig von der Zahl der daran Beteiligten schließlich zu einer Hauptrealität wird, die man dann sogar im Religionsunterricht scheinbar objektiv weitergeben kann.

Auch viele Wissenschaftsbereiche sondern sich durch eine Fachsprache von ihrer Umgebung ab und bilden damit eine Art «Sekte», d.h. eine kleine Gruppe mit einer «gemeinsamen Nebenrealität».

Auch die Mythen einer Volksgruppe sind Nebenrealitäten, die innerhalb der Gruppe aber dann zu Hauptrealitäten, zur gemeinsamen Realität werden. Dies war auch das Anliegen von Lévi-Strauss in seiner Auseinandersetzung mit Freud um Totem und Tabu.

Hierin zeigt sich die subjektive, gruppendynamische und gesellschaftliche Bedeutung solcher Nebenrealitäten, die, wenn sie über die Einzelperson hinausreichen, als Instrument zu engerem Kontakt einerseits und zur Ausgrenzung anderer andererseits verwandt werden.

Der Nebenrealität entspricht vor allem beim Erwachsenen der Tagtraum. Während der Traum eine vielfältige und kaum übersehbare wissenschaftliche Bearbeitung erfahren hat, ist dies für den Tagtraum viel weniger der Fall. Rainer Schmidt geht in seinem Buch «Träume und Tagträume» auch auf die Tagträume ein. Gerade in der psychoanalytischen Psychotherapie spielt er naturgemäß eine relativ große Rolle. Hier geht es ja beim wachen Patienten darum, seine Phantasievorstellungen in der freien Assoziation zu erfahren. Als therapeutischen Zugang findet er ebenso, wenn auch nicht in völlig freier Assoziation, im katathymen Bilderleben bei Leuner seinen Ausdruck. Nach Schmidt folgt der Tagtraum einer finalen Leitlinie, die aus einer Minussituation in eine Plussituation führe. Tatsächlich ist die Nebenrealität wohl meistens – aber vielleicht doch nicht immer – ein angenehmerer Lebensraum als derjenige der gemeinsamen Realität. Schmidt führt aus, daß der Tagtraum einer erzählenden Dichtung ähnele, in welcher der Tagträumende die Realiät in Richtung seiner subjektiven Logik verändern kann. Er betont dabei die Kraft des Verändern-Wollens. Er weist darauf hin, daß Ernst Bloch in seinem Hauptwerk «Das

Prinzip Hoffnung» direkte Aussagen zum Tagtraum macht. Von Bloch soll der Satz stammen: «Es gibt nur Karl May und Hegel, alles dazwischen ist eine unreine Mischung.» Hier steht offensichtlich Karl May für die Nebenrealität und Hegel für die strenge Hauptrealität. Schmidt lernt bei Bloch, daß der Tagtraum die Möglichkeit der Bewahrung der Integrität der Persönlichkeit sei in einer diese bedrängenden Umwelt.

Es ist in diesem Zusammenhang bemerkenswert, daß sich weder die psychologische, geschweige denn die psychiatrische Wissenschaft – von ganz geringen Ausnahmen abgesehen – ernsthaft mit dem Phänomen der Tagträume befaßt hat, obwohl es eine alltägliche und jedem Menschen von sich selbst bekannte Fähigkeit und übliches Verhalten ist. Es besteht offenbar ein Art wissenschaftliches Tabu, sich wissenschaftlich mit «Kindereien» oder was wir dafür halten zu beschäftigen.

So ist es nicht von ungefähr, daß es einem Philosophen, nämlich Ernst Bloch, vorbehalten blieb, uns darüber zu informieren. Er wies auf den grundsätzlichen Unterschied zwischen dem Tagtraum und dem Nachttraum hin. Er zeigte auch, daß der Tagtraum das Ziel der Verbesserung der Situation, der Weltverbesserung, wie Bloch schreibt, hat. Im übrigen beschreibt er auch den Schizophrenen als einen, der die Welt losläßt und auf den autistisch-archaischen Zustand der Kindheit zurückgeht.

Psychopathologisch spielt die Nebenrealität bei den puberalen und postpuberalen Reifungskrisen eine wichtige Rolle. Daß es sich dabei im Grunde um dieselbe Reaktionsweise wie beim Borderline-Syndrom handelt, wird später noch gezeigt werden. Oft sind es Jugendliche und Heranwachsende, die an einer frühkindlichen psychischen Fehlentwicklung, einer sogenannten Grundstörung leiden. Wohl auf Grund dieser defizitären Beziehungsfähigkeit flüchten sie sich in eine Nebenrealität und kehren zur gemeinsamen Hauptrealität nur dann und insoweit zurück, wenn es unbedingt notwendig erscheint. Ihr Realitätsbezug ist auf Sparflamme gestellt, äußerlich nicht selten daran erkennbar, daß sie meistens mit dem Walkman im Ohr durch die Straßen gehen und sich um ihre Umwelt wenig kümmern. Das Leben in der Nebenrealität kann gelegentlich zu für alle, auch für sie selbst, unverständlichen Handlungen, ja Delikten führen. Musik oder auch Drogen sind offenbar Hilfen zur Nebenrealität.

Auch die Pseudologia phantastica gehört wohl in diesen Formenkreis einer sich verselbständigenden und der Kontrolle entgleitenden Nebenrealität.

Der Überstieg

Das Erlernen des Überstiegs

Die parallele Entwicklung von der gemeinsamen oder Hauptrealität auf der einen Seite und der individuellen Nebenrealität auf der anderen, kennzeichnet die psychische Entwicklung des Kindes bis über das Vorschulalter hinaus, auch wenn dann die Nebenrealität bis auf die beschriebenen Ausnahmen keine Äußerung mehr findet.

Diese Parallelität, das Nebeneinanderbestehen zweier Realitätsebenen, bringen für das Kind die Notwendigkeit mit sich, von einer Ebene in die andere zu wechseln. Wir haben das Kind beschrieben, das mit einem Stück Holz spielte und dieses Stück Holz im Sinne des Animismus beseelte und zu seinem Spielpartner oder seinem Kind machte. Als es während des Spiels von seiner Mutter auf das Stück Holz hin angesprochen wurde, so zeigte sich, daß dieses Kind offenbar in der Lage ist, sofort oder mit einer gewissen Verzögerung – oder auch mit einem gewissen Widerwillen – sich auf die gemeinsame Realitätsebene mit der Mutter umzustellen, d.h. überzusteigen.

So gesehen bedeutet die psychische Entwicklung des Kindes eine ständige und sich täglich viele Male wiederholende Übung im Wechsel von einer Beziehungsebene zur anderen. Das Kind übt den Überstieg und geht schließlich, und zwar schon als relativ kleines Kind im Vorschulalter, souverän damit um. Es entwickelt eine stabile Überstiegsfähigkeit. Der Begriff des «Überstiegs» stammt übrigens von Conrad, der die Unfähigkeit zum Überstieg im Zusammenhang mit der beginnenden Schizophrenie beschrieben hat.

Auch dieser Prozeß ist abhängig von den Bedingungen, unter denen das Kind aufwächst. Zum einen ist der Erwerb der Überstiegsfähigkeit bis zu einem gewissen Grad von der Intelligenz eines Kindes abhängig, zum anderen ist sie abhängig auch von der Pflege der Nebenrealität und der Bereitschaft der Umgebung, dem Kind diese Nebenrealität zu gestatten, ja sie zu fördern. Wenn ein Kind, welches zu zeichnen oder zu malen versucht und auf diese Weise seine subjektive Erlebnisweise seiner Umwelt wiedergeben möchte, ständig korrigiert und zurechtgewiesen wird, wie es «richtig» d.h. der gemeinsamen Realität entsprechend zeichnen müßte, dann wird dieses Kind nicht nur die Lust am Zeichnen verlieren, und damit an der Bereitschaft seinen Vorstellungen graphischen Ausdruck zu verleihen, sondern es wird sich auch nicht mehr trauen, seinen eigenen Vorstellungen «zu glauben», d.h. sie zuzulassen und sie selbst zu fördern und zu pflegen.

Das gleiche gilt für kindliche Äußerungen, die aus der Sicht der Erwachsenen nicht der Wahrheit, d.h. der gemeinsamen Realität entsprechen.

Wenn beispielsweise ein dreieinhalbjähriges Kindergartenkind beiläufig nach einem bestimmten anderen Kind aus dem Kreis der Kindergartenkinder gefragt wird und es zur Antwort gibt, dieses Kind sei zur Zeit krank und habe Scharlach, und es stellt sich einige Zeit später heraus, daß nichts davon den Tatsachen entspricht, dann wird das Kind der Lüge oder – wohlwollender – der Schwindelei bezichtigt und man macht ihm einen Vorwurf. Tatsächlich hat das Kind wohl zu dieser Zeit von einem anderen Fall von Scharlach und Krankheit gehört, hat damit wohl irgendeine für das Kind interessante Möglichkeit gesehen und hat dies nun in seiner Phantasie, in seiner Nebenrealität, auf das andere Kindergartenkind übertragen. Da es mit dieser nicht der gemeinsamen Realität entsprechenden Erzählung für sich selbst keinen erkennbaren Nutzen oder einen Vorteil verbindet, es also die Offenbarung seiner Nebenrealität nicht «betrügerisch» ausnützt, erscheint es nicht berechtigt, dem Kind daraus irgendeinen Vorhalt zu machen. Der Absolutheitsanspruch der Wahrheit in unserer Kultur ist im Grunde auch eine große inzwischen zur Hauptrealität gewordene «gemeinsame Nebenrealität» und kulturabhängig, wie sich erkennen läßt, wenn man beispielsweise bei Japanern erleben kann, daß eine freundliche «Unwahrheit» eine akzeptierte Handlungsweise ist, eine kränkende oder verletzende «Wahrheit» dagegen einem gesellschaftlich nicht akzeptablen Verhalten gleichkommt.

Es mag dahingestellt sein, ob dem «schwindelnden» Kindergartenkind im Augenblick der Überstieg möglich gewesen wäre oder nicht, beispielsweise wenn nachdrücklich und mit dem Hinweis auf die Wichtigkeit einer an der gemeinsamen Realität orientierten Wahrheit nachgefragt worden wäre.

Es besteht kein Zweifel, daß Kinder schon von den Anfängen ihres extrauterinen Lebens in zunehmendem Maße lernen müssen, zwischen zwei Erlebnisebenen überzusteigen, und daß andererseits auch mit Erreichen des Schulalters diese Überstiegsfähigkeit noch nicht völlig entwickelt ist. Dies ist erkennbar daran, daß auch ältere Kinder vor der Pubertät häufig Ironie noch nicht verstehen können, und den dabei vom Wortsinn abweichenden eigentlich gemeinten Sinngehalt, nur erkennbar am Tonfall und am Gesichtsausdruck des Sprechenden, oder auch nur aus der ganzen Situation heraus, nicht zu erfassen vermögen. Auch bei dem Verständnis von Witzen und Cartoons werden diese unterschiedlichen Realitätsebenen wirksam, und es gibt Menschen, die solche gezeichneten Geschichten, wie etwa «Vater und Sohn» von E. O. Plauen oder andere nie verstehen können. Diese Fähigkeit ist nicht nur eine Frage der reinen Intelligenz, sondern mehr einer bestimmten Bildung, d.h. von der Umwelt dem heranwachsenden Kind und Jugendlichen vermittelten Bereitschaft und Übung in unterschiedlichen Realitätsebenen zu denken.

Der Überstiegsverlust

Wie wir gesehen haben, lernt das Kind in seinen ersten Lebensjahren zwischen der Welt, die es mit den Menschen um es herum, mit seinen Eltern und seinen Geschwistern, den Freunden und Nachbarn, manchmal auch in den Bildmedien miterlebt, und der anderen Welt, die es sich ausdenkt, in die es die Ereignisse in seiner Umgebung hinüber-verändert oder in die es sich beim Spiel versetzt, hin und her zu wechseln. Es ist sich dabei wohl fast immer genau darüber im klaren, auf welcher Realitätsebene es sich eben befindet, ob es dem Erwachsenen, mit dem es spricht, seine eigenen nebenrealen Vorstellungen erläutern muß, oder ob es davon ausgehen kann, daß dieser Erwachsene sofort versteht, was es sagt, tut oder zum Ausdruck bringt, weil es eben dieselbe Erlebnisebene, derselbe Realitätsbezug ist wie der des Erwachsenen.

Auch einen anderen Wechsel des Realitätsbezugs und den Wechsel vom Traum zum wachen Umwelterleben lernt das Kind sehr frühzeitig. Im Traum sind wir, das Kind ebenso wie der Erwachsene, von der Wirklichkeit des Traumes völlig gefangen und werden von den Erlebnissen im Traum ebenso positiv und negativ beeinflußt wie von realen Ereignissen, wir können froh und glücklich sein, wir können traurig sein und in Panik geraten und im Alptraum erschrecken, was sich dann sogar in lebhaften vegetativen Reaktionen, z. B. im Angstschweiß körperlich manifestieren kann. Sobald wir aber wach sind, sind wir uns sehr schnell klar darüber, daß es «nur ein Traum» gewesen ist, und daß wir ihm keine für die Wirklichkeit relevante Bedeutung beimessen müssen. In kurzen Übergangsphasen können wir beim Einschlafen oder häufiger noch beim Aufwachen vorübergehend unsicher sein, ob es sich wohl um einen Traum, d.h. um ein nicht-reales Erleben handelt, oder ob es nicht doch zur gemeinsamen Wirklichkeit gehört, was wir gerade empfunden haben.

Auch das Kind, so ist anzunehmen, lernt diese Unterscheidung sehr schnell und ist auch von belastenden Träumen nicht lange erschüttert, aber doch oft länger als Erwachsene. Der französische Kinderpsychiater Ebtinger weist in einer Arbeit über den Traum in der Psychotherapie psychotischer Kinder darauf hin, daß schon am gesunden Kind es gelegentlich schwierig sei, Phantasieren, Fabulieren, Tagträumen im Alltag zu unterscheiden. Bei Kindern mit psychotischen Merkmalen ihrer Sprachfähigkeit verliere die Sprache noch mehr Aspekte ihres Mitteilungscharakters. Er schildert aber den Fall eines zehnjährigen Jungen, der im Traum die einzige Möglichkeit findet, sich aus der Symbiose mit der Mutter zu lösen und sich selbst zu behaupten, dabei aber das Gebot der Mutter verletzt, weswegen immer nur Angstträume entstehen können. Auch wenn wir den Jungen wohl nicht als schizophren, sondern eher als autistisch im Sinne eines Asperger-Autismus – darüber später mehr – bezeichnen würden, kann hier doch die Bedeutung und der Stellenwert des Traumes als Nebenrealität deutlich gemacht werden. Im übrigen, so zitiert Ebtinger, sah auch Freud bei der Erhellung des Geheimnisses des Traumes eine Chance, an der Aufklärung der Psychose zu arbeiten.

Daß diese Einstellung zum Traum etwas mit unserer naturwissenschaftlich aufgeklärten Lebenseinstellung zu tun hat, erkennen wir daran, daß früher, in einem Zeitalter, in dem eher magische und mystische Beziehungen als real und wirksam angesehen wurden, auch Träume ernst genommen und als bedeutungsvolle Hinweise auf ein zukünftiges Geschick angesehen oder als ein Warnzeichen für das eigene Verhalten gewertet wurden. Die Traumdeutung spielte im Altertum und auch noch später eine anerkannte Rolle. Sie wurde von der Psychoanalyse wieder aufgegriffen in der Erkenntnis, daß sich im Traum die Probleme und Konflikte des Individuums widerspiegeln. So wurde bei Sigmund Freud der Traum zum «Königsweg» der Psychoanalyse.

Die sichere Unterscheidungsfähigkeit, diese Überstiegsfähigkeit, die Fähigkeit zum Wechsel zwischen den unterschiedlichen gemeinsamen und individuellen Realitätsebenen lernen wir, wie wir gesehen haben, von klein auf, und diese Fähigkeit bleibt uns dann in der Regel zeitlebens erhalten. Offenbar gibt es aber für einzelne Menschen Zustände, in denen diese Fähigkeit wieder verloren geht, öfter wohl für ganz kurze Zeit, für wenige Augenblicke, manchmal auch für lange Zeit.

Eine kurze Unsicherheit, ob etwas, was wir gehört oder flüchtig gesehen haben, wirklich ist, befällt uns vor allem dann, wenn wir unter einem starken Affekt stehen, insbesondere im Zustand der Angst. Man meint, in der Nacht Schritte gehört zu haben, und benötigt eine gewisse Zeit, um sich zu vergewissern, daß es eine Fehlinterpretation oder auch nur eine Einbildung war. Wir ordnen dann das Gehörte oder Gesehene nach kurzer Kontrolle der einen oder anderen Erlebnisebene zu. In diesen Zusammenhang gehören auch Illusionen, Pareidolien und ähnliches.

Es gibt auch Beobachtungen von Zuständen solcher Art, eine vorübergehende, aber doch eine meßbare Zeit anhaltende Unfähigkeit, Erlebnisse und Vorstellungen der eigenen Nebenrealität von der gemeinsamen verbindlichen Hauptrealität abzutrennen, auch ohne äußere Eindrücke, wie Tapetenmuster oder vermeintliche Geräusche.

Zusammenhänge mit der Pubertätskrise (E. Kretschmer) und dem Borderline-Syndrom (Kernberg)

Ein von mir in diesem Zusammenhang schon mehrfach beschriebener Fall aus forensischer Gutachtertätigkeit (Lempp 1984) sei an dieser Stelle wiederholt:

Ein 17jähriger Hauptschüler, der einige Jahre zuvor mit seinen Eltern aus der Sowjetunion umgesiedelt war und als völlig unauffälliger Junge die Hauptschule besuchte, teilte mit seinem ein Jahr jüngeren Bruder das Schlafzimmer. In den Schulferien schliefen die beiden Jungen etwas länger. Als er erwachte, die Eltern waren eben weggegangen, stand er auf, holte aus einem Nebenraum eine bereitgelegte Fahrradpumpe und ein Messer, schlug mit der Fahrradpumpe seinem schlafenden Bruder mehrfach auf den Kopf, und als dieser erschreckt hochfuhr, stach er ihn mehrmals in den Rücken. Die auf die Schreie herbeieilende, in der gemeinsamen Wohnung lebende Großmutter schlug er ebenfalls mit der Fahrradpumpe auf den Kopf, so daß diese hinstürzte, sich aber wieder aufraffte und zu den einen Stock tiefer wohnenden Nachbarn eilte. Der Junge verfolgte die Großmutter. Als die ahnungslosen Nachbarn ihn jedoch aufforderten, wegen der blutenden Großmutter telefonisch das Rote Kreuz zu rufen, folgte er dieser Aufforderung widerspruchslos. Als die Sanitäter eintrafen, wies er sie darauf hin, daß im Stock darüber sein Bruder verletzt im Bett liege. Der von der Sanität gerufenen Kriminalpolizei erklärte der Junge, er habe seinen Bruder töten wollen, wisse aber nicht warum.

In mühsamer Exploration konnte festgestellt werden, daß der Junge in der ganzen Zeit vorher sehr viel Wildwestheftchen gelesen hatte. Nach langem gequältem Zögern gab er an, er habe sich als der Held einer bestimmten Wildwestgeschichte gefühlt, wobei sein Bruder, mit dem er sonst nie irgendwelche Auseinandersetzungen ernsterer Art hatte, der obligate Bösewicht des Wildwestromans gewesen sei, und er meinte, ihn – entsprechend der Geschichte – töten zu müssen.

Der Junge war vor diesem Ereignis und auch danach, ebenso wie bei der gutachtlichen Untersuchung, völlig frei von irgendwelchen psychotischen Symptomen, auch konnten der Genuß von Alkohol oder Rauschgift ausgeschlossen werden. Es handelte sich ganz offensichtlich um eine vielleicht zehn oder zwanzig Minuten anhaltende Fixierung in der Nebenrealität, ohne daß die sonst allgegenwärtige Kontrolle der Hauptrealität hätte wirksam werden können.

Wenn man einmal darauf achtet, dann findet man gerade im Zusammenhang mit Straftaten Jugendlicher und Heranwachsender, die in keiner Weise mit der Persönlichkeit des Täters in Einklang zu bringen sind und die zumindest zunächst und scheinbar kein nachfühlbares Motiv enthalten und auch tiefenpsychologisch keine plausible Erklärung bieten können, auch häufiger solche kurzfristigen Zustände von Realitätsverlust, genauer, einen vorübergehenden Verlust der Überstiegsfähigkeit. In der Nebenrealität besteht nach unserer vielfachen Beobachtung bei frühkindlich psychisch fehlentwickelten Jugendlichen eine Neigung, sich in ihre Nebenrealität zurückzuziehen, um ihre Lebenssituation in der Reifungskrise zu erleichtern. Diese Jugendlichen und Heranwachsenden zeigen aber in der Regel dabei noch keinen Realitäts*verlust*, d.h. keinen Überstiegsverlust, wogegen bei manchen Delikten dieser Überstiegsverlust ganz offenbar zu Tage tritt. Es ist anzunehmen, daß nicht nur bei spektakulären kriminellen Taten solche vorübergehenden Phasen des Überstiegsverlusts vorkommen, sondern wohl sehr viel häufiger. Allerdings vermeidet jeder, der von so etwas betroffen wurde, peinlich, darüber zu sprechen.

Es ist notwendig, an dieser Stelle etwas zur Abgrenzung solcher frühkindlichen psychischen Fehlentwicklungen vom Borderline-Syndrom zu sagen:

Das Borderline-Syndrom gilt in der Erwachsenenpsychiatrie als eine Form einer Persönlichkeitsstörung, also als eine chronische Veränderung, die praktisch zeitlebens besteht und durch bestimmte Symptomkonstellationen definiert ist. Es dient nach Rohde-Dachser als Abwehrstrategie. Insofern muß es uns auch im Zusammenhang mit einer entwicklungspsychologisch begründeten Schizophrenietheorie interessieren, da es sich ja auch bei der Schizophrenie um eine – wenn auch entgleiste – Abwehrreaktion handelt. Tatsächlich finden wir bei nicht wenigen Jugendlichen und Heranwachsenden in der Pubertät, vor allem in der Nachpubertätszeit, eine mit dem Borderline-Syndrom identische Abwehrstrategie mit den führenden Symptomen der Flucht in die Nebenrealität, allerdings noch ohne anhaltenden Verlust des Realitätsbezugs, und der Spaltung mit der getrennten Projektion positiver wie negativer Eigenschaften und Persönlichkeitsanteile, sowohl bei andern, wie auch bei sich selbst.

In den beschriebenen Fällen kam es bei der Spaltung zu kurzdauernden Phasen des Realitätsverlustes.

So kann man auch in solchen und ähnlichen Fällen von einem Borderline-Syndrom sprechen, das allerdings keine fixierte Persönlichkeitsstruktur bedeutet, sondern einer postpuberalen Durchgangsphase bei infantilen Persönlichkeiten entspricht. Rohde-Dachser zitiert Kernberg, dem es beim Borderline-Syndrom um eine möglichst präzise Erfassung des pathologischen Charaktertypus eines Patienten gehe. Als typische Diagnose nennt Kernberg beispielsweise:

1. Depressive Reaktion mit verschiedenen Angstsymptomen und
2. Borderline-Syndrom bei einer infantilen Persönlichkeit mit paranoiden Zügen.

Dies entspricht vollkommen dem in der Nachpubertät oft gefundenen Reaktionstypus. Das Borderline-Syndrom muß daher nicht nur als eine pathologische Persönlichkeitsstörung angesehen werden, sondern auch als ein mögliche, passagere, phasenspezifische Reaktionsform.

Das, was E.Kretschmer unter den Begriff der Pubertätskrise gefaßt hat, wird man heute als Borderline-Syndrom bezeichnen (Klosinski, Lempp 1989).

Wenn die Fähigkeit zum Rückstieg über eine längere Zeit verlorengeht, und der Betreffende, zumindest in wesentlichen Anteilen seines Denkens und Erleben in der Nebenrealität lebt und sich daran festhält, dann bezeichnen wir diesen, nicht ganz kurzen Zustand als Schizophrenie.

Zustände solcher Art, die nur kurze Zeit dauern, werden regelmäßig nicht zum schizophrenen Formenkreis zugerechnet, sondern als Parapsychosen (Eggers) bezeichnet.

Es besteht aber kein Zweifel, daß es sich von der Art des Zustands her gesehen in der Querschnittsbetrachtung um identische Vorgänge handelt. Wir scheuen uns lediglich, einen nur wenige Minuten oder Stunden anhaltenden

Zustand als Schizophrenie zu bezeichnen, wenngleich in der psychiatrischen Untersuchung während der entscheidenden Phase, ohne Kenntnis der Vorgeschichte und des Verlaufs, eine Unterscheidung nicht möglich wäre.

Wir können also feststellen, daß eine Schizophrenie den mehr oder weniger weitgehenden Verlust der Übersteigsfähigkeit bzw. der Rückstiegsfähigkeit aus der Nebenrealität in die gemeinsame Realität bedeutet.

Wodurch kann es zu einem solchen Verlust kommen?

Diese Frage ist nicht sicher zu beantworten, weil zwar in seltenen Fällen ein starkes emotionales Erlebnis einen solchen Realitätsbezugsverlust hervorrufen kann. Dies ist aber keineswegs die Regel, auch nicht bei akut auftretenden Schizophrenien. Darüber hinaus gibt es eine große Zahl von Schizophrenien, die nicht von einem Moment auf den nächsten entstehen, sondern sich in kürzeren oder etwas längeren Phasen anbahnen, bis die typische Schizophrenie manifest wird.

Die Vermutung liegt nahe, und es spricht vieles dafür, daß es Menschen gibt, bei denen diese Übersteigsfähigkeit weniger stabil ist und von ihnen weniger sicher beherrscht wird.

Wir müssen dazu noch einmal vergegenwärtigen, daß der gemeinsame Realitätsbezug, die Hauptrealität, vom Kinde erst im Laufe seiner ersten Lebensjahre aufgebaut und entwickelt wird. Dieser Aufbau und diese Entwicklung kann aber gestört sein oder gar unmöglich gemacht werden durch bestimmte Umstände, die im Kinde anlagebedingt vorhanden sein, die aber auch durch die Umweltbedingungen bestimmt sein können.

Zur Fähigkeit der Entwicklung einer gleichartigen Umwelterfassung sind zwei Voraussetzungen notwendig: Erstens die gleichartige Funktion des Sensoriums, das heißt der Reizaufnahme durch unsere Sinnesorgane, und die Gleichartigkeit oder Vergleichbarkeit unseres Sehens, des Hörens und Fühlens, zweitens ein hinreichend identisches und vom Kind reproduzierbares Umwelterleben.

Die Bedeutung der Teilleistungsstörungen

Dies wird offenbar, wenn wir uns beim Ausfall eines solchen Sinnesorgans, etwa der Augen, vergegenwärtigen, daß es nicht möglich ist, mit einem Blinden über Farben oder über nicht abtastbare Formen zu sprechen, und daß wir uns mit einem Tauben nicht über Musik verständigen können. Da es einen völligen Ausfall der Berührungsempfindung nicht gibt, ist die Vorstellung einer fehlenden Verständigungsmöglichkeit über die Berührung schwer vorstellbar. Die Riechfähigkeit spielt beim Menschen nur noch eine herabgesetzte Rolle und soll hier nicht näher erörtert werden, auch wenn das Riechen in der zwischenmenschlichen Beziehung eine größere Rolle spielt, als man sich bewußt ist. Ein Kleinkind registriert die Fremdheit oder Vertrautheit einer andern Person wohl auch über den bekannten oder nicht bekannten Körpergeruch derselben. Vergleichbares gilt auch für die Raumlageorientierung und die dazu notwendigen Sinnesempfindungen.

Im übrigen gibt es eine Reihe von physikalischen Einwirkungen auf den Menschen, die wir nicht wahrnehmen, und die wir auch zur «Konstruktion» unserer Umwelt nicht verwenden, wie zum Beispiel das magnetische Feld, die atomare Strahlung oder auch nur den Ultraschall, der von vielen Tieren durchaus wahrgenommen und zur Orientierung benützt wird.

Es genügt aber nicht, nur die Reizaufnahme durch die peripheren Sinnesorgane zu berücksichtigen. Von viel größerer Bedeutung ist die Verarbeitung der von den Sinnesorganen aufgenommenen Reize durch das Gehirn. Wir können davon ausgehen, daß die Reizaufnahme durch die Sinnesorgane interindividuell ziemlich einheitlich, ja weitgehend identisch erfolgt. Die Verarbeitung dieser Reize dagegen unterscheidet sich von Mensch zu Mensch wahrscheinlich in sehr viel stärkerem Maße, weil diese Art der Reizverarbeitung einerseits von der individuellen Gehirnstruktur, vor allem aber durch im Laufe des Lebens angesammelte Vorerfahrungen mitbestimmt ist, welche an der Reizselektion mitwirken.

Wir lernen sehr bald, schon als Kind, wichtige und unwichtige Reize zu unterscheiden und die Verarbeitung unwichtiger, d.h. nicht zum Aufmerksamkeitsziel gehörender aufgenommener Informationen zu unterdrücken. Dies ist eine wesentliche Voraussetzung für jede Konzentrationsfähigkeit. Jeder kennt das Phänomen, daß er bei der Aufnahme eines Gesprächs oder eines Musikstücks mit einem Kassettenrecorder beim Abspielen überrascht ist, wieviel Nebengeräusche neben dem Gespräch oder neben der Musik zu hören sind, die er bei der Aufnahme selbst gar nicht wahrgenommen hat. Sein Ohr hat diese Geräusche genau so aufgenommen wie der Kassettenrecorder, aber das Gehirn hat sie als unwichtig und nicht zur Sache gehörig ausgefiltert, eine Fähigkeit, über die der Kassettenrecorder nicht verfügt.

Das Gleiche gilt für das Sehen. Der konzentrierte Autofahrer sieht bei der Fahrt in einer belebten Straße vorwiegend die Verkehrszeichen und die Verkehrsteilnehmer, die für ihn und sein Fahrzeug bedeutungsvoll werden können. Er sieht, obwohl seine Augen es sehr wohl aufnehmen, kaum die Reklameschilder oder gar die Auslagen in den Schaufenstern. Wir bemerken dieses selektive Sehen, wenn wir bei der Fahrt durch die belebte Straße etwas ganz Bestimmtes außerhalb der Verkehrssituation suchen, etwa ein bestimmtes Ladengeschäft oder eine Person unter den Passanten. Die Erlebniserweiterung durch einige Drogen, beispielsweise durch Cannabis, beruht wohl vor allem auf der vorübergehenden Herabsetzung der Filterfähigkeit des Gehirns. Die sensorischen Reize aller Art strömen ungefiltert und darum sehr viel reichhaltiger auf den betreffenden Menschen ein, was zu einer neuartigen und ungewohnten Erlebnisweise führt. Allerdings ist er während dieser Zeit in seiner Konzentrationsfähigkeit wohl deutlich beeinträchtigt.

Nun wissen wir aus vielen Untersuchungen, daß die Verarbeitungsfähigkeit sensorisch aufgenommener Reize bei vielen Menschen meist in umschriebenen Bereichen beeinträchtigt ist. Wir sprechen dabei von Teilleistungsstörungen (Graichen, Lempp). Unter Teilleistungsstörungen verstehen wir seltener den Ausfall, sondern in der Regel die Beeinträchtigung einer umschriebenen Funktion in der Funktionskette der Reizaufnahme, der Reizverarbeitung, der Kurz- und Langzeitspeicherung, der Handlungsvorbereitung und der Handlungsdurchführung (s. Abb. 1). An jeder Stelle dieses komplexen Funktionsgefüges können Schwächen oder gar Ausfälle vorliegen, welche es komplizieren und erschweren.

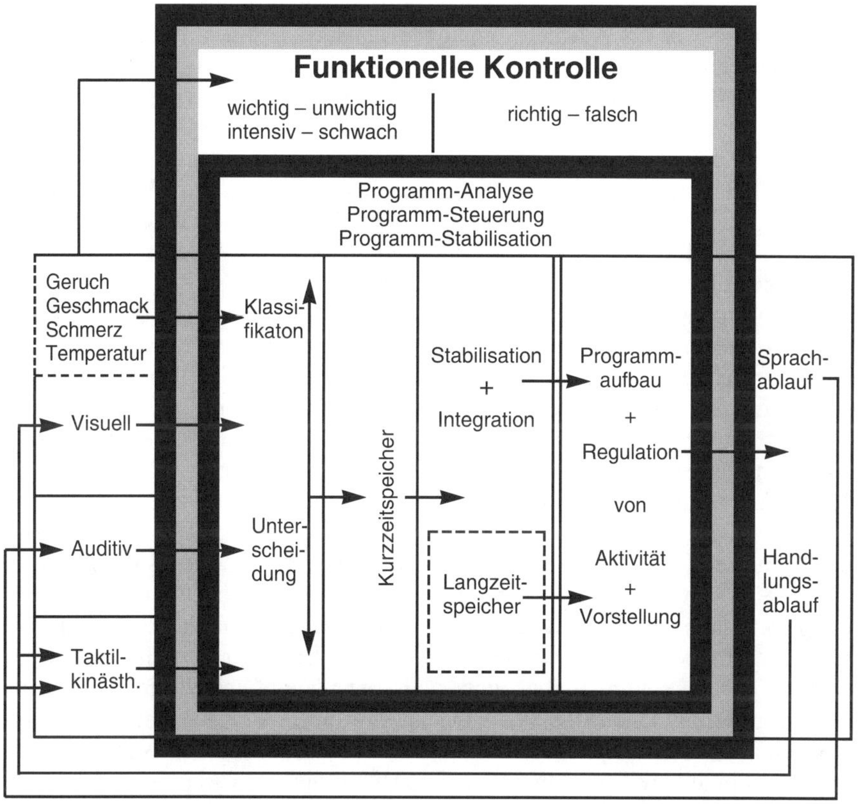

Abbildung 1

In der Neurologie sprechen wir von Seelenblindheit und Seelentaubheit und meinen damit die cerebralorganische Funktionsstörung bei der Reizverarbeitung bei intakten Sinnesorganen. Bei den Teilleistungsstörungen handelt es sich um eine «Teilseelenblindheit» und «Teilseelentaubheit», wobei außer den visuellen und auditiven Teilleistungsschwächen auch noch andere zu berücksichtigen sind, wie z. B. die Raumlagelabilität und andere, komplexere Funktionsschwächen, deren berühmtestes Beispiel die Legasthenie darstellt.

Aber bleiben wir zunächst bei den einfacheren und leichter verstehbaren Formen der visuellen oder auditiven Teilleistungsschwächen. Sie lassen sich bei Kindern relativ gut beobachten und auch in Leistungstests nachweisen. Sie betreffen vor allem folgende Leistungen:

1. Die visuelle Teilleistungsstörung mit einer Störung der Figurhintergrunddifferenzierung, wie sie als erste als typisches Symptom einer leichtgradigen frühkindlichen Hirnschädigung durch Wewetzer nachgewiesen worden war. Er stellte bei diesen Kindern eine Schwäche in der Figurhintergrunddifferenzierung fest. Sie war der Ausgangspunkt für die Erklärung des frühkindlich-exogenen Psychosyndroms (Lempp 1978). Daß man sich dabei zunächst auf die visuelle Teilleistungsschwäche beschränkte, lag allein darin, daß sie relativ leicht, besonders auch schon im Vorschulalter, nachweisbar ist. Diese Kinder zeigen dazuhin häufig auch eine leichte Störung in ihrer motorischen, insbesondere feinmotorischen Entwicklung und Koordinationsfähigkeit, so daß sie frühzeitig, schon im Kindergartenalter, dadurch auffallen, daß sie langsamer und später als ihre Altersgenossen die Signalwirkung visuell aufgenommener Situationen, insbesondere sozialer, erkennen.

Schon im Säuglingsalter lernt das Kleinkind die Unterschiede der Gesichtsbilder in bekannt und unbekannt zu differenzieren, was bekanntermaßen im Alter von sechs bis acht Monaten durch das «Fremdeln» deutlich wird. In diesem Alter hat das normale Kind zu unterscheiden gelernt zwischen einem bekannten und vertrauten Gesicht und einem Gesicht, für das es keine Entsprechung in der visuellen Erfahrung findet. Darüber hinaus muß das Kind im selben Alter bereits den mimischen Ausdrucksgehalt dieser Gesichter differenzieren lernen. Es muß lernen zu unterscheiden, ob ein Gesichtsausdruck, der die Zähne zeigt, dies als aggressive Gebärde oder als freundliches Grinsen tut.

So setzt sich die visuelle Umwelt eines Kindes aus unzähligen Einzeleindrücken zusammen, die sich zu Erfahrungen verdichten und kondensieren, die für seinen Umweltbezug grundlegend werden. Wegen der Unsicherheit in der Differenzierung zwischen «bekannt» und «unbekannt» neigen die visuell teilleistunsgestörten Kinder auch zu Distanzstörungen, d.h. sie können die im körperlichen und psychischen Abstand zum Ausdruck und zur Wirkung kommende unmittelbare Beziehung zum Gegenüber nicht zuverlässig einschätzen, weil sie die optischen Signale des anderen nicht genau zu unterscheiden vermögen.

Auch Züblin hat darauf hingewiesen, wie solche Kinder Schwierigkeiten haben, den Ausdrucksgehalt von Mimik und Gestik altersentsprechend zu erfassen und zu differenzieren.

Daneben spielt 2. die auditive Teilleistungsstörung eine wesentliche Rolle. Diese Kinder fallen im Vorschulalter im Rahmen der Familie weniger auf, weil die notwendigen auditiv aufgenommenen Informationen sich innerhalb einer Familiengemeinschaft ständig wiederholen und daher leichter eingeübt werden. In einer Familie ist die sprachliche Diktion in der Regel sehr gleichförmig und wiederholt sich ständig, so daß der Tonfall bestimmter Laute schon genügt, um eine bestimmte Information zu vermitteln. Mechthild Papoušek konnte zeigen, wie Kinder bereits im Säuglingsalter Melodien aufnehmen, differenzieren, speichern und wiedergeben können.

Erst mit der Einschulung, mit dem Übergewicht akustischer Informationen, fallen diese Kinder auf, häufig durch eine überraschende Lese-Rechtschreib-Schwäche. Bei stärkeren Graden auditiver Differenzierungsschwäche kommt es schon im Vorschulalter zu Sprachentwicklungsstörungen und -verzögerungen.

3. Weitere in der Entwicklung wichtige Teilleistungsstörungen sind die Störungen der Programmsteuerung, d.h. bei der Vorbereitung von Handlungsabläufen und der Integration von Handlungsmustern und -einheiten, die in bestimmter Reihenfolge abgerufen werden müssen. Dies gilt besonders für das Sprechen, eine sehr komplexen und komplizierten Handlungskette, die gerade, beispielsweise bei der Sprachablaufstörung, beeinträchtigt ist. Den Zerfall von Handlungsprogrammen kann man aber auch bei Kindern ohne Teilleistungsschwäche bei Ermüdung beobachten, etwa wenn zum Beispiel das müde, von der Schule nach Hause gehende Kind das Handlungsprogramm «nach Hause gehen», verliert und an jeder Straßenecke, vor jedem Schaufenster stehen bleibt.

4. Weitere Teilleistungsstörungen, wie beispielsweise die Raum-Lage-Labilität, sind gerade im Kindesalter interessant, haben aber eine relativ geringe soziale Bedeutung, da die Orientierung im Dschungel nicht mehr notwendig ist und der Mensch, vor allem der zivilisierte Mensch, für die Orientierung im Raum sich viele Hilfen entwickelt hat.

Daneben gibt es aber noch eine ganze Reihe von Möglichkeiten umschriebener Teilleistungsschwäche und -störung.

Die Teilleistungsstörungen haben vor allem im Kindesalter während der frühkindlichen Entwicklung in der Vorschul- und Schulzeit ihre große Bedeutung. Zum Teil können offensichtlich leichtere Teilleistungsschwächen mit der Zeit ausgeglichen werden, häufiger entwickelt der Mensch Kompensationsmöglichkeiten und Vermeidungsstrategien, die es ihm möglich machen, die Teilleistungsschwäche sogar so weit auszugleichen, daß sie nicht mehr auffällt. Später wird man dann eher von besonderen Begabungsmängeln oder in positiver Weise von umschriebenen Begabungen sprechen (Graichen 1983).

In letzter Zeit wurde verschiedentlich eine besondere Vulnerabilität als *eine* Ursache der Schizophrenie herausgestellt (Nuechterlein und Dawson, Olbrich).

Es entspricht nach den dargestellten Möglichkeiten der Störungen beim Aufbau eines gemeinsamen Realitätsbezugs einer einleuchtenden Hypothese, daß Kinder, welche angeborene oder durch leichtgradige frühkindliche Hirnschädigung erworbene Teilleistungsschwächen in der Umwelterfassung haben, gerade in der Beziehung zu ihrer Umwelt unsicher sind, weil sie die sie umgebende Umwelt in bestimmten Bereichen immer ein wenig anders erlebt und erfahren haben als ihre nächsten Bezugspersonen. Auch wenn die Teilleistungsstörungen und -schwächen oft nur geringe Behinderungen darstellen, so daß sie von den Eltern und Erziehern gar nicht von vorneherein wahrgenommen werden, sondern erst unter gezielter Prüfung oder Leistungsanforderung auffallen, so bewirken sie doch eine gewisse Behinderung in der Orientierung an einer gemeinsamen Umwelt.

Zu einer solchen Hypothese paßt die Feststellung, daß auch bei erwachsenen Schizophrenen Teilleistungsstörungen regelmäßig feststellbar sind, die als Basisstörungen bezeichnet werden und von Süllwold deutlich gemacht wurden.

Klosterkötter konnte in subtilen Untersuchungen nachweisen, wie sich eine kontinuierliche Kette bilden läßt von visuellen oder auditiven Teilleistungsstörungen bis hin zu manifesten Wahnsymptomen und Halluzinationen.

Hierher gehört auch die in der Wissenschaft anerkannte Feststellung, daß frühkindliche Hirnschädigungen und Komplikationen in der frühkindlichen Entwicklung bei Schizophrenen überzufällig häufig nachzuweisen sind (Keppler u.a., Mednick und Schulsinger, Schulsinger und Mednick). Dies ist auch eines der wesentlichen Ergebnisse der high-risk-Studie von Mednick und Schulsinger.

Der Begriff der Vulnerabilität wird hier, wie auch bei Zubin (nach Olbrich) im wesentlichen als ein organischer Faktor gebraucht und nicht so sehr als ein psychischer im Sinne einer Verletzlichkeit (Schmidt - Degenhard).

Die Teilleistungsstörung als <u>ein</u> Glied in der Ursachenkette einer Schizophrenie könnte auch der Ort sein, an dem die für die Schizophrenie unbestreitbare Erblichkeit anzusiedeln wäre. Es ist bekannt, daß Teilleistungsstörungen auch erblich auftreten können. So findet man auch in der unmittelbaren familiären Umgebung Schizophrener oft charakteristische Teilleistungsstörungen (Eggers).

Die Teilleistungsstörung und damit die von der frühen Kindheit an bestehende Unsicherheit in der Umwelterfassung ist aber ganz offensichtlich nur *ein* möglicher Faktor zur Vulnerabilität und zu einer Instabilität in der Erlernung des Überstiegs.

Daneben ist es auch die Information, die ein Kind von den das Kind umgebenden Erwachsenen in seinen ersten Lebensjahren kontinuierlich erfährt, welche die Beziehung des Kindes zu seiner Umwelt stabil oder weniger stabil werden läßt. Wenn von den Erwachsenen dem Kind in seinen ersten Lebensjahren wiederholt und immer wieder aufs neue sich gegenseitig ausschließende oder zumindest stark widersprechende Informationen gegeben werden, dann muß die Beziehung zur gemeinsamen Realität leiden.

So wurde beispielsweise auch von Keppler u.a. nachgewiesen, daß anhaltender Streit der Eltern ein Item ist, das sich statistisch bei schizophrenen Jugendlichen häufiger nachweisen läßt als in einer entsprechenden Kontrollgruppe..Hierher gehören auch das «double bind» (Weakland) und die Pseudo-Gemeinschaft (Wynne u.a.), wie auch die ganzen Theorien von Bateson zur Schizophreniegenese. Das «double bind», die Beziehungsfalle, ist dann gegeben, wenn von ein und derselben Bezugsperson ständig und immer wiederholt sich widersprechende, ja gegenseitig ausschließende Informationen gegeben werden, wie etwa die sprachliche Aufforderung: «Komm zu mir und sei lieb zu mir» unter gleichzeitiger gestischer und körpersprachlicher Abwehrhaltung. Es entspricht kinderpsychiatrischer Erfahrung, daß für ein Kind offenbar auch eine doublebind-Situation dann entstehen kann, wenn zwei emotional für das Kind etwa gleich wichtige Bezugspersonen, also meist Vater und Mutter, oder auch die Großeltern, in ständigem Streit leben und dem Kind kein einigermaßen widerspruchsfreies Weltbild zu vermitteln in der Lage sind.

Ein etwa zehnjähriger Junge wurde wegen eines akut aufgetretenen psychotischen Zustandes mit dem Bild einer Angstsymptomatik aufgenommen. Der Zustand klang nach wenigen Tagen ab. Es stellte sich heraus, daß er in folgender Situation lebt: Die Eltern und die Großeltern haben miteinander ein Haus gebaut und sind eingezogen, die Eltern mit dem Jungen im Untergeschoß, die Großeltern im Obergeschoß. Beide Eltern sind ganztags berufstätig, und der Junge ist tagsüber in der Betreuung der Großeltern. Bald nach Einzug in das gemeinsame Haus zerstritten sich Eltern und Großeltern so sehr, daß jeglicher Kontakt abgebrochen wurde und beide Parteien nicht mehr miteinander redeten, nur der Junge lebte in der Nacht und am Wochenende mit seinen Eltern zusammen, tagsüber bei den Großeltern. Er lebte in zwei sich inkompatibel widersprechenden Erlebnisebenen, was er auf die Dauer nicht aushalten konnte.

Da Teilleistungsstörungen viel weniger auffällig sind als der völlige Ausfall einer sensorischen Funktion, wie etwa bei der Blindheit oder Taubheit, werden sie meistens von der Umgebung des Kindes, also von den Eltern, Kindergärtnerinnen und Lehrern gar nicht wahrgenommen, vor allem aber in Erziehung und Förderung nicht berücksichtigt. Dies führt zu einer Verzögerung der kognitiven Entwicklung eines Kindes, zum Teil nur in sehr umschriebenem Bereich, es führt aber vor allem auch, weil die Ursache dieser Entwicklungsverzögerung nicht erkannt und nicht berücksichtigt wird, zu einer gewissen Beziehungsstörung zwischen dem Kind und seiner Umgebung, also seinen Eltern und Erziehern, weil es deren Erwartungen aus für diese zunächst nicht erkennbaren Gründen nicht erfüllt. Wie bei dem frühkindlich-exogenen Psychosyndrom kann daher eine solche Teilleistungsstörung auch die Basis für eine neurotische Beziehungsstörung bilden (Lempp 1972).

Es ist evident, daß eine solche Teilleistungsstörung auch zu einer gewissen Veränderung der Umwelterfassung führen muß. Auch wenn diese Veränderung nur eine relativ geringe Abweichung von der «Norm», also von der Art und Weise, wie die übrigen Menschen ihre Umwelt aufnehmen und differenzierend wahrnehmen, hervorruft, so ist sie doch während den entscheidenden Entwicklungsjahren ständig wirksam und verbindet sich sehr rasch auch mit negativen Emotionen. Ciompi hat in seinem Buch über die Affekt-Logik darauf hingewiesen, daß alle kognitive Wahrnehmungen von vorneherein mit einem bestimmten Affekt verbunden ist und verbunden bleibt. Das kognitiv-affektive Defizit dieser Kinder kann sich daher im Aufbau des gemeinsamen Realitätsbezugs negativ auswirken.

Umgekehrt gesagt: Für einen optimalen Aufbau des Realitätsbezugs ist eine hinreichend intakte Reizaufnahme und -verarbeitung eine wichtige Voraussetzung.

Die Bedeutung der Kontinuität der emotionalen Umweltbeziehung

Als zweite Voraussetzung für den Aufbau eines gemeinsamen Realitätsbezugs als Ausdruck einer kompatiblen «Konstruktion» der Umwelt, ist eine für das Kind hinreichend identische und reproduzierbare Umwelt. Sie muß vor allem in ihrer Qualität, ihrer Werthaltung und in ihrer Interpretation dem Kind eine hinreichende Kontinuität bieten, damit das Kind durch ständiges und wiederholtes Miterleben und Erfahren sie sich zu eigen machen kann.

In weitem Sinne gilt dies für einen einheitlichen und hinreichend stabilen soziokulturellen Hintergrund der Gemeinschaft, in die das Kind hineinwächst, in der von Generation zu Generation die gleiche Wertwelt und emotionale Bewertung weitergegeben wird. Es geht ja dabei weniger um die Beschreibung konkreter, d.h. sensorisch unmittelbar wahrnehmbarer Dinge, sondern gerade um die interpretationsbedürftigen und bewertungsbedürftigen abstrakten Dinge, wie sie zum Beispiel für Taube nur in sehr eingeschränktem Maße zugänglich sind, weil diese wegen ihrer Sinnesbehinderung im konkreten Denken haften bleiben. In diesem Fall handelt es sich wiederum um einen kognitiven Ausfall, der ein abstraktes Denken behindert. Bei jeder sensorisch nicht behinderten Abstraktion ist es aber notwendig, daß sie dem Kind in einer stabilen und regelmäßig sich in gleicher Weise wiederholenden Interpretation angeboten wird, um vom Kind aufgenommen, akzeptiert und schließlich internalisiert zu werden.

Dies gilt vor allem auch für sprachlich vermittelte Inhalte, wobei sich dabei wiederum sensorische und inhaltlich-emotional prägende Einflüsse vermischen.

Für die Übernahme einer Wertwelt und einer Umweltinterpretation durch das Kind ist seine emotionale Beziehung zu den primären Bezugspersonen von maßgebender Bedeutung. Dem Kind, das sich emotional akzeptiert und geborgen fühlt, fällt es viel leichter, sich mit seinen Bezugspersonen zu identifizieren, als einem Kind, das isoliert und sich ausgestoßen fühlend heranwachsen muß. Noch mehr gilt das, wenn das Gefühl des Angenommenseins und des Nichtangenommenseins ständig wechselt. Die positive emotionale Beziehung ist entscheidend dafür, wie fest verankert und wie kompatibel die «Konstruktion» der Umwelt sich beim Kinde entwickelt.

Es ist leicht vorstellbar, daß ein Kind in ständig wechselnder Umweltbeziehung, das, beispielsweise bei mangelhafter Zuwendung von einem Heim ins andere gebracht wird, das von Pflegestelle zu Pflegestelle wechselt, auch im Aufbau seines Realitätsbezugs dann behindert ist, weil die vermittelten Werthaltungen widersprechend waren.

Es ist leicht einzusehen, daß eine Verbindung der beiden genannten, eine Instabilität des Realitätsbezugs bewirkenden Faktoren, sich besonders belastend auswirken muß. Wenn also ein Kind mit einer ererbten oder früherworbenen Teilleistungsschwäche dazuhin in einer sich in ihrem Realitätsbezug ständig widersprechenden Umwelt aufwächst, dann steigert sich die Vulnerabilität für einen früheren oder späteren Zusammenbruch der Überstiegsfähigkeit.

Welche Folgen hat nun der Verlust dieser Überstiegsfähigkeit für den Betroffenen?

Bei einem plötzlichen oder mehr oder weniger raschen Verlust dieser Überstiegsfähigkeit muß es zwangsläufig zu einer starken affektiven Belastung kommen. Man stelle sich vor, man erwache eines Morgens und stelle mit Schrecken fest, daß man sich mit den Menschen, mit denen man zusammenlebte und auch weiterhin zusammenlebt, nicht mehr verständigen kann. Es ist zwar noch die bekannte Sprache, aber offenbar haben die Worte und Begriffe, die Gesten und das Ausdrucksverhalten eine andere Bedeutung bekommen. Der vom Überstiegsverlust Betroffene kann ja nicht unterscheiden, ob er allein die Ebene des gemeinsamen Realitätsbezugs verlassen hat oder ob es die anderen sind, die sich nicht mehr mit ihm auf der gemeinsamen Ebene befinden. Es gibt hier keinen festen Punkt, an dem sich der Betroffene orientieren könnte. Im übrigen ist es ohnehin nur eine Frage der Majorität, wer die Hauptrealität bestimmt. Mein Lehrer Ernst Kretschmer pflegte immer zu sagen: «Wenn die Schizophrenen in der Überzahl sind, dann sind wir die Verrückten.» (Das würde allerdings nur gelten, wenn sich die Schizophrenen auf eine gemeinsame Realität einigen könnten, denn dann würde sie zur Hauptrealität.)

Es ist also zu erwarten, ja es ist nicht nur verständlich, sondern auch gut einfühlbar, daß ein solcher Zustand geeignet ist, schwere Angst, ja Panik auszulösen. Die klassischen Symptome der Katatonie sind aber Symptome der Panik, der Bewegungssturm oder der Stupor. Tatsächlich stehen gerade bei jugendlichen Psychosen die Angstzustände ganz im Vordergrund.

Aber auch andere para-affektive Reaktionen sind leicht erklärlich: Wenn man sich nicht mehr verständigen kann und wenn sprachliche Inhalte, Gebärden, die Mimik und andere Ausdrucksbewegungen einen anderen Bedeutungsgehalt für den Betroffenen erhalten haben, dann stimmen auch die affektiven Reaktionen nicht mehr. Die «Gesunden» sprechen von Para-Affektivität, weil sie die Zusammenhänge nicht mehr nachvollziehen können.

Insgesamt wird man die alte, jahrzehntelang zur Grundkenntnis zählende Feststellung von der grundsätzlichen Unverstehbarkeit des Schizophrenen (Jaspers) nicht aufrechterhalten können.

Die als pathologisch bezeichneten Affekte bei der Schizophrenie sind, so betrachtet, gar keine pathologischen Symptome, sondern es sind nachfühlbare, aus dem subjektiven Selbsterleben durchaus erklärbare, ja einfühlbare affektive Reaktionen, also normale Reaktionen auf eine psychische Extremsituation, die allenfalls quantitativ überschießend sind und daher anormal wirken.

Die «Normalität» schizophrener Symptome

Versucht man die charakteristischen Symptome einer Schizophrenie vor dem Hintergrund dieser entwicklungspsychologisch fundierten Schizophrenievorstellung nachzuprüfen, dann ergibt sich, daß es im Grunde gar keine spezifischen schizophrenen Symptome gibt, sondern daß alle Symptome, die wir als Hinweise, ja gar als Beweise für eine Schizophrenie ansehen, auch außerhalb der Schizophrenie bei psychisch Gesunden in verschiedenen Alters- und Bewußtseinszuständen vorkommen.

Nach E. Bleuler gehören zu den Grundsymptomen Störungen des Gedankengangs, Störungen der Affektivität und Störungen des subjektiven Erlebens der eigenen Persönlichkeit mit den hervorgehobenen Symptomen der Ambivalenz und des Autismus. Wenn wir uns den Störungen des Gedankengangs zuwenden, dann ist festzustellen, daß es durchaus gesunde Menschen gibt, bei denen Störungen des Gedankengangs auftreten, und zwar in zwei verschiedenen Situationen:

1. In veränderten Bewußtseinszuständen (Scharfetter 1985), sowohl veränderten Zuständen des Wachbewußtseins, wie mystisches Verschmelzungs- und Glückserleben, oder visionären Umstrukturierungen des Wahrnehmungsfeldes in Hypnose, Trance und ähnlichen Zuständen, aber auch, wie bereits ausgeführt, im Traum.
2. Müssen wir davon ausgehen, daß in der frühen kindlichen Entwicklung

beim Erlernen des Denkens zweifellos auch Denkstrukturen entstehen, die, verglichen mit der normalen Denkfähigkeit eines nicht mehr ganz kleinen Kindes, als ungenügend, insuffizient oder mangelhaft bezeichnet werden müssen. Dies wird nur deswegen nicht als Störung des Gedankengangs aufgefaßt, weil vom Kinde in dieser Entwicklungsphase gar kein anderes Denken erwartet wird, auch deswegen, weil das Denken des kleinen Kindes natürlich noch mit nur wenigen primitiven Inhalten besetzt sein kann.

Ähnlich verhält es sich mit dem subjektiven Erleben der eigenen Persönlichkeit. Wir wissen, daß die Erkenntnis der eigenen Persönlichkeit und ihre Abgrenzung von der Umwelt einen Vorgang der Individuation (Mahler) darstellt, den wir etwa in das zweite Lebensjahr verlegen können. Der Umstand, daß wir diese Veränderung des subjektiven Erlebens der eigenen Persönlichkeit als Erwachsene beim Kind so wenig ausdrücklich miterleben und vom Kind natürlich nicht kommentiert bekommen, darf uns nicht davon abhalten, klar zu sehen, daß auch hier Zustände des Erlebens der eigenen Persönlichkeit durchschritten werden, die, treten sie im späteren Lebensalter auf, als ausdrückliche Störungen im Erlebnis der eigenen Persönlichkeit bezeichnet werden müßten. Scharfetter (1986) setzt vor sein Buch über «Schizophrene Menschen» das Motto: «Das ist die Kernfrage: Ob ich überhaupt bin», eine Frage, die sich ein Kind, wenn auch nicht so klar ausformuliert, in einem bestimmten Lebensalter, so etwa um das dritte Lebensjahr herum, auch stellen könnte. Zumindest würde diese Frage seinem Empfinden während der Individuation entsprechen.

Ähnlich verhält es sich mit dem Autismus und der Ambivalenz. Auch nach Mahler können die verschiedenen Formen von Psychosen als psychopathologische Entstellung normaler Entwicklungsphasen des Ichs und seiner Funktion innerhalb der Mutter-Kind-Beziehung verstanden werden. Danach stellt der frühkindliche Autismus – auf den wir noch zu sprechen kommen werden – ein Stehenbleiben oder eine Regression auf jene erste primitivste Phase extra-uterinen Lebens dar, die Mahler die normale autistische Phase genannt hat. Dies ist der Zeitabschnitt, von dem wir annehmen müssen, daß das Kind noch keinerlei Abgrenzung von Ich und Umwelt vornehmen kann und damit auch noch keinen unterscheidenden, sondern einen mehr einverleibenden Kontakt aufnehmen kann. Die zunehmenden frühen Wechselkontakte zwischen dem Säugling und der Mutter bald nach den Geburt, wie sie aufgrund der Untersuchungen von Klaus und auch von Papoušek angenommenen werden müssen, scheinen allerdings die hypothetische autistische Phase zeitlich sehr zu verkürzen. Immerhin wird man als eine Durchgangsphase einen solchen Zustand annehmen müssen, in welchem das Kind noch mit seiner Umwelt weitgehend verschmolzen ist. Ähnlich verhält es sich wohl auch mit der Ambivalenz und Ambitendenz. Sobald die instinktiven Verhaltenstendenzen verlorengehen, wie etwa das Brustsaugen, wird man auch in der psychischen Entwicklung noch eine gewisse Gleichzeitigkeit und ungenügende Zuordnung einzelner Gefühlsempfindungen annehmen müssen. Zumindest ist der überaus rasche, oft schlagartige und durch äußere Ereignisse oft nicht zu begründende Umschlag der Affektivität eines Kindes vom Lachen ins Weinen und von Anklammerung zur Abstoßung bekannt, der, träte er bei einem erwachsenen Menschen in dieser Form auf, wohl als Ambivalenz bezeichnet würde. Der Wahn ist, wie wir gesehen haben, ohne weiteres als ein im Kindesalter zur normalen Erlebnisverarbeitung zählendes Phänomen anzusehen. Moreau-de-Tours, ein Assistent Esquirols im letzten Jahrhundert, bezeichnete den Wahnsinn als den Traum des wachen Menschen (zitiert nach Pichot). Er wies damit auf die enge Verbindung von psychopathologischen Phänomenen und dem Zustand des Träumens hin.

Diese Erörterung kann auch für die Symptome ersten und zweiten Ranges nach Kurt Schneider fortgeführt werden. Wenn wir uns vergegenwärtigen, daß wir im Traum sehr wohl Gespräche hören und gestalten und Gegenstände sehen, die in Wirklichkeit nicht da sind, dann kann eigentlich eine Halluzination, eine Sinnestäuschung oder ein Gedanken-laut-Werden nicht deswegen schon als der Ausdruck eines krankhaften Vorganges angesehen werden, nur weil die Bewußtseinszustände unterschiedlich sind. Darüber hinaus könnte man auch Vermutungen anstellen über die Differenzierungsfähigkeit von eigener und fremder Stimme beim Neugeborenen. Natürlich kann es bei einem Säugling kein Gedanken-laut-Werden geben, weil der Säugling den Gedanken noch gar nicht zu verbalisieren vermag. Er vermag noch nicht zu denken. Dies schließt aber nicht aus, eine entsprechend gleiche Struktur des Denkens und Erlebens lediglich ohne verbale Inhalte bei dem in der Entwicklung befindlichen Kinde und beim schizophrenen Symptom anzunehmen.

Eine genaue Beobachtung kleiner Kinder in ihrem Verhalten läßt zum Beispiel auch als typisch schizophren bezeichnete Phänomene erkennen, wie etwa die Kontamination.

Es ist daher die Annahme begründet, daß es in der Symptomatik des Schizophrenen keine Störungsform oder kein Einzelsymptom gibt, die nicht auch beim gesunden Menschen beobachtet werden können, und zwar in Zuständen veränderten Wachbewußtseins (Scharfetter) oder auch im Traum oder im Zuge der psychischen Entwicklung des Kindes von den ersten Anfängen an. Bei einem Vergleich der schizophrenen Symptomatik mit Zuständen innerhalb der normalen psychischen Entwicklung muß allerdings stets darauf geachtet werden, daß die verbalen und emotionalen Inhalte bei einem erwachsenen Menschen und damit beim Schizophrenen ungleich größer, vielfältiger, ja überhaupt erst vorhanden sind, wogegen sie beim Kinde, wenn überhaupt, dann nur in einfachsten anfänglichen Formen der Begrifflichkeit und der Erlebnisweise vorliegen und den Gedankengang und die Erlebnisform inhaltlich nur andeutungsweise ausfüllen können.

Blankenburg führt in seiner Darstellung der schizophrenen Psychose in der Adoleszenz eine Untersuchung von Rosenzweig und Shakow von 1973 an, welche das Verhalten Schizophrener und Gesunder vor dem Spiegel (von diesen unbemerkt) experimentell untersuchten. Sie fanden, daß Hebephrene – im Vergleich mit anderen Probanden, auch im Vergleich mit Paranoiden – ihrem Spiegelbild bei weitem am meisten Aufmerksamkeit schenkten. Unter einschlägigen Beobachtungen bei Hebephrenen gab es nur eine einzige, die ein situationsangemessenes Verhalten, wie es Gesunde zeigen, feststellte. Nach Blankenburg weist das «Signe de Miroir» auf das «Stade de Miroir» (Lacan) zurück, d.h. auf jene Phase beim kleinen Kind, in der es sich selbst als es selbst im Spiegelbild entdeckt und lernt, sich mit sich selbst im Spiegelbild zu identifizieren. Auch Blankenburg weist darauf hin, man sollte in diesen und ähnlichen «Symptomen» keineswegs nur das Pathologische sehen. Vieles spreche dafür, daß es sich dabei um tastende Versuche einer Selbstheilung, also um (wenngleich mißglückende) autoprotektive Vorgänge handele. Insgesamt weisen diese Vorgänge darauf hin, daß es hier zu einer Regression gekommen ist.

So wird man bei vielen Symptomen, die wir für mehr oder weniger spezifisch zu halten uns angewöhnt haben, und die wir regelmäßig zur Begründung einer Schizophrenie-Diagnose heranziehen, feststellen müssen, daß ihnen keine Spezifität beigemessen werden kann, sondern daß es sich um Symptome, d.h. um Reaktionen und Verhaltensweisen handelt, die auch bei psychisch Gesunden in anderen Entwicklungsphasen oder anderen Bewußtseinszuständen vorkommen können.

Was die angeblich so typischen affektiven Symptome in der Schizophrenie anbelangt, so ist in diesem Zusammenhang bemerkenswert, daß sie bei allmählich sich entwickelnden Schizophrenieformen, etwa bei der einfach dementen Form, ebensowenig auftreten wie übrigens auch nicht beim frühkindlichen Autismus – nur um ihn an dieser Stelle einmal zu erwähnen. In beiden Fällen, sowohl bei der einfach dementen Form wie beim frühkindlichen Autismus, wird der davon Betroffene nicht plötzlich mit einer Beziehungsänderung konfrontiert, sondern sie entwickelt sich ganz allmählich, oder er kennt gar keinen anderen Zustand, wie dies beim Autisten ja der Fall ist.

Zusammenfassung

Die im Laufe der Kindheit erworbene souveräne Überstiegs- und Rückstiegsfähigkeit aus der Nebenrealität in die gemeinsame Hauptrealität kann vorübergehend oder längere Zeit verlorengehen. Diesen Zustand bezeichnen wir, wenn er länger andauert, als Schizophrenie. Kurzdauernde, nur vorübergehende entsprechende Zustände, werden als Parapsychosen abgetrennt, wobei nichts dafür spricht, daß es sich nicht um grundsätzlich dasselbe handelt wie bei einer Schizophrenie.

Die Gefahr, die Überstiegsfähigkeit zu verlieren, ist offenbar bei einer Gruppe von Menschen größer als bei einer anderen. In diesem Zusammenhang spricht man von einer erhöhten Vulnerabilität, wobei allerdings damit nichts grundsätzlich Neues gesagt wird, sondern nur zum Ausdruck gebracht wird, daß mehrere Faktoren zusammenwirken können, um das klinische Bild einer Schizophrenie auszulösen.

Unter entwicklungsgeschichtlichen Gesichtspunkten sind es vor allem zwei Faktoren, welche die Ausbildung der Überstiegsfähigkeit beeinträchtigen können, weil schon die Ausbildung eines stabilen Realitätsbezugs behindert wird.

Dies sind:

1. Teilleistungsstörungen, die zu einer leicht veränderten Umwelterfassung führen und damit zu einer veränderten Umweltbeziehung des heranwachsenden Kindes im Vergleich zu seiner Umgebung. Teilleistungsstörungen können Folge einer leichtgradigen frühkindlichen Hirnschädigung sein, sie können aber auch ererbt auftreten. Wahrscheinlich ist hier die bei der Schizophrenie nicht zu bestreitende Erblichkeit begründet. Teilleistungsstörungen sind mit den bei erwachsenen Schizophrenen festgestellten Basisstörungen als identisch anzusehen.
2. Eine über die ganze Kindheit sich ausdehnende, in sich widersprüchliche und inkompatible Information eines Kindes durch seine Bezugspersonen, etwa eine anhaltende tiefgreifende Streitsituation der Eltern, kann dann auch zu einem instabilen Realitätsbezug führen, wenn diese Widersprüche von Personen ausgehen, die für die kindliche Umweltbeziehung entscheidend sind, also von seinen engeren Bezugspersonen. Diese Situation entspricht der Theorie des double bind, wie sie die amerikanische Schizophrenieforschung in der Familie deutlich gemacht hat. Bei einem Kind ist allerdings auch dann von einem double bind auszugehen, wenn die widersprechenden Informationen von zwei Bezugspersonen ausgehen, welche für das Kind eine etwa gleichwertige Beziehungsbedeutung haben.

Wenn beide Faktoren, die Teilleistungsstörungen mit der Folge einer leicht veränderten Umwelterfassung einerseits und die widersprechenden Informationen in Folge eines ungünstigen Milieus zusammentreffen, wird man von einem besonderen Risiko ausgehen.

Die schizophrenen Symptome, die regelmäßig für die Diagnose herangezogen werden und zum Teil für spezifisch gehalten werden, erweisen sich unter entwicklungspsychologischer Betrachtung als keineswegs spezifisch. Es handelt sich in allen Fällen um Verhaltens- und Reaktionsweisen, die auch bei gesunden Menschen in anderen Entwicklungsphasen und in anderen Bewußtseinszuständen auftreten können, so im frühen oder späteren Kindesalter, in Zuständen des Traums und in anderen Veränderungen des Wachbewußtseins.

Die affektive Symptomatik bei der Schizophrenie ist unter Berücksichtigung des Selbsterlebens der Beziehungsänderung zwischen dem Betroffenen und der Umwelt als normale, aus der besonderen Bedrohung der erlebten Situation verständliche Reaktion zu interpretieren und damit ebenfalls nicht als pathologisches Phänomen zu bezeichnen, sondern als normale Verhaltensweise. Die besondere Bedrohung, die der Verlust der Beziehung zur Umwelt für den Betroffenen bedeutet, begründet schwere Angst, ja auch Panikzustände, wie sie in den Symptomen der Katatonie in Erscheinung treten. Bei allmählich sich entwickelnden Psychosen, etwa der Dementia simplex, fehlen regelmäßig solche starken affektiven Symptome.

Schizophrenie im Lichte der verschiedenen Schizophrenie-Theorien

Die Schizophrenie als Selbstheilungsversuch bei gestörter psychischer Entwicklung und als eine wegen der Unfähigkeit zum Überstieg mißglückte Regression.

Was ist nun eigentlich die Ursache der Schizophrenie?

Am 3. und 4. Juli 1970 fand in Zürich ein Symposion zum 100-jährigen Bestehen der Psychiatrischen Universitätsklinik Burghölzli-Zürich und zu Ehren von Manfred Bleuler statt. Dieses Symposion hatte «Die Entstehung der Schizophrenie» zum Thema, wobei darauf hingewiesen wurde, daß das Lebenswerk der beiden Direktoren, die am längsten in der Psychiatrischen Universitätsklinik Burghölzli-Zürich gewirkt haben, Eugen Bleuler und Manfred Bleuler, vor allem der Schizophrenie gewidmet war, ein Krankheitsbegriff, der von Eugen Bleuler geprägt wurde. Hier wurde von den verschiedenen Wissenschaftsrichtungen zusammengetragen, was zum damaligen Zeitpunkt über die Entstehung der Schizophrenie bekannt und einigermaßen gesichert war.

Es war naheliegend, daß zunächst der jahrzehntelang im Vordergrund stehende genetische Aspekt erörtert wurde. Hierzu äußerten sich Rosenthal von Betesta (Maryland), Kringlen von Bergen (Norwegen) und Shields von London. Alle drei Wissenschaftler kamen aufgrund unterschiedlicher Untersuchungen, mit Hilfe von Adoptionsstudien und Zwillingsstudien, zu dem Ergebnis, daß, wie Kringlen betonte, der genetische Faktor nach den älteren Zwillingsuntersuchungen infolge verschiedener Fehlerquellen überschätzt wurde. Er hielt es für vernünftig, die Schizophrenierate bei eineiigen Zwillingen in einem Verhältnis von 20 bis 40%, und bei zweieiigen Zwillingen von etwa 10% anzunehmen. Sie meinten alle drei, daß es weder die Symptome von Schizophrenie, noch ein bestimmter Persönlichkeitstyp seien, welche vererbt werden, sondern wahrscheinlich gewisse Entwicklungsmöglichkeiten der Persönlichkeit. Shields nahm eine graduierte polygene Prädisposition an, wobei er die Schizophrenie als ein Schwellenwert-Merkmal ansieht. Kringlen hielt es für wahrscheinlich, daß es Reaktionsmuster sind, welche auf dem genetischen Wege weitergegeben werden, und wies darauf hin, daß das Problem möglicherweise darin bestehe, Verbindungen zwischen perzeptiven und kognitiven Reaktionsparametern herauszufinden.

Legt man diese Ergebnisse zugrunde, dann kann zwar ein genetischer Erbgang einer Disposition zur Schizophrenie als gesichert angesehen werden. Dieser Anteil an der Genese ist aber jedenfalls bedeutend geringer als andere, nicht-genetische Faktoren. Wenn man daran denkt, daß eine wissenschaftliche Genetik noch in den 30er Jahren die Begründung dafür lieferte, daß unzählige Menschen zwangssterilisiert wurden, weil sie als Träger der Krankheit Schizophrenie angesehen und aus dem Erbgang ausgeschlossen werden sollten, in der – aus heutiger Sicht naiven – Hoffnung, hierdurch einen wesentlichen Beitrag zur Volksgesundheit leisten oder gar die Krankheit Schizophrenie auf diesem Wege eliminieren zu können, dann wird deutlich, wie sehr gesundheitspolitische Maßnahmen, die sich auf die gegenwärtige Wissenschaft stützen zu können glauben, zu katastrophalen und unmenschlichen Eingriffen Veranlassung geben können.

Benedetti, Basel und Arieti, New York, gingen auf die Psychodynamik und Psychopathologie der Schizophrenie ein. Der Ausgangspunkt von Benedetti war die Ich-Schwäche, wobei er zwischen einer intrapsychischen und einer zwischenmenschlichen Psychodynamik unterschied. Er stellte die Vermutung an, daß Triebimpulse und Wahrnehmungen in ungenügender Weise mit dem Ich in Verbindung gebracht werden, wodurch es zu einem Ich-Verlust komme, wobei die Motivationen so erlebt werden, als ob sie kausal nur von jener Außenwelt abhingen, die sie aber nur auslöst. Er wies auf die These von Manfred Bleuler hin, nach welcher Kinder durch die psychischen Auswirkungen ihrer Anlage bei ihrer Umwelt die emotionellen und intellektuellen Antworten hervorrufen, welche rückwirkend die Anlage mitgestalten und erst die Grundlage zur schizophrenen Entwicklung legen.

Er schilderte verschiedene Stufen der pathologischen Entwicklung, wozu er eine schwere Psychopathologie der Familie im Sinne der Familienforschungen von Lidz, Wynne u.a. wählte und als zweites eine abnorme psychische Entwicklung in der Kindheit, wobei funktionsfähige Abwehrmechanismen vom schwachen Ich nicht gebildet werden. Charakteristische Anzeichen einer schizophrenen Strukturierung sieht er in

1. einer kreisläufigen Selbstaggression mit Schuldgefühlen und Selbstbestrafungstendenz und zunehmender Distanz zwischen Ich und Ich-Ideal,
2. einer dauernden nicht-identifikatorischen Anwesenheit des Über-Ichs, das nie vom Ich assimiliert werden könne, weshalb sich der Patient schlecht fühlt,
3. einer Überforderung des Intellekts infolge eines Versagens der emphatischen Verbindung zur Umwelt, und
4. einer Unschärfe der Triebentwicklung. Eine weitere Stufe bedeutet dann die Pubertät, welche die in der Kindheit angelegten schizophrenen Keime aktiviere durch die sprungweise Erweiterung der Interessen, Bedürfnisse und Konflikte, welche der Übergang ins Erwachsenenalter mit sich bringe.

In seinem Schlußwort legte Manfred Bleuler seine Gedanken und Erfahrungen zur Schizophrenie-Lehre dar. Er wies darauf hin, daß sich Vorurteile und Spekulationen über Jahrzehnte verführerisch anboten. Die Vorurteile wurzelten in einer unmittelbaren Erfahrung der Fürchterlichkeit und Unheimlichkeit der schizophrenen Katastrophe. Es stehe nach Manfred Bleuler wie ein Verhängnis in der Vorstellung über der Schizophrenieforschung, es müßte etwas Unerhörtes als Ursache entdeckt werden, und ließ geringschätzen, was unmittelbar zu sehen war, nämlich daß sich schwierige Persönlichkeiten eine schwierige menschliche Umwelt schaffen und die Ungunst der Umwelt bis zu einem Brechpunkt die Persönlichkeitsentwicklung störe.

Die Wiederentdeckung der Mendelschen Gesetze um die Jahrhundertwende habe dazu geführt, daß sich die Psychiater in der Vorstellung verkrampften, es müsse einen einfachen Mendelschen Erbgang für die Schizophrenie geben. Für einen solchen Erbgang einer hypothetischen Anlage zur Schizophrenie spreche nichts und habe auch nie etwas gesprochen als die spekulative Überzeugung, es müsse einen solchen geben.

Auch das Vorliegen eines pathologisch-anatomischen Hirnprozesses als Ursache der Schizophrenie sei ohne Überprüfung der Befunde postuliert worden, obwohl niemand den Prozeß je gesehen habe. Auch Stoffwechselstörungen, welche eine Schizophrenie bedingen, seien bisher nicht gefunden worden.

Unter Hinweis auf Eugen Bleuler erwähnte Manfred Bleuler den Autismus als eine Haltung, eine Tendenz, eine Veränderung der Lebensweise als etwas Grundlegendes und Primäres in der Schizophrenie. Das geistige Leben des Schizophrenen rolle in Bildern einer von ihm geschaffenen Welt ab, die seinem Wesen besser angepaßt sei als die wirkliche Welt. Er zitierte Eugen Bleuler zu dem Begriff des Autismus: «Das keinem Menschen fehlende Bedürfnis, in der Phantasie Ersatz für ungenügende Wirklichkeit zu suchen, kann im Autismus widerstandslos befriedigt werden. Die Phantasieprodukte mögen noch so sehr im Widerspruch mit der Wirklichkeit stehen, für den Kranken kommen sie nicht mit ihr in Konflikt. Sie werden höchstens so weit mit ihr in Zusammenhang gebracht, als sie mit den affektiven Bedürfnissen des Kranken in Einklang zu bringen sind.» Manfred Bleuler schloß daraus, daß man so gut wie alle Symptome der Schizophrenie als Aspekte des Autismus sehen könne. Der Schizophrene könne auch mit seiner Zerfahrenheit spielen, und der Reichtum des Geisteslebens Schizophrener entspringe dem autistischen Schöpferwillen, sich eine eigene Welt zu schaffen und in sie zu versinken. Hinter dem Autismus stehe auch das Verzweifeln daran, mit der eigenen inneren Widersprüchlichkeit und der Widersprüchlichkeit der Lebenserfahrung fertigzuwerden. Hieraus entstehe Angst, die in die autistische Isolierung dränge. Aber auch andere Emotionen wie Wut, Aggressivität gegen die Welt und die Sehnsucht nach Erfüllung in einer anderen Welt wirkten in die gleiche Richtung.

Man könne das Primäre im schizophrenen Geschehen nicht mehr in einzelnen Symptomen sehen, sondern in der autistischen Abwendung von der Realität zum phantastischen Gestalten einer eigenen Welt unter dem Drucke der unüberwindlichen Zerrissenheit der Erfahrung mit sich und anderen.

Manfred Bleuler wandte sich auch gegen das Wort von der «schizophrenogenen Mutter» im Zusammenhang mit der Familienforschung. Er meinte, daß die Ärzte mit den schwarzen Schilderungen der Mütter Schizophrener eigenen, irrationalen Bedürfnissen entgegenkommen. Der Kliniker reagiere den beständigen Ärger ab, den ihm die Mütter Schizophrener bereiten, und beim Psychoanalytiker mögen Gefühle aus der Gegenübertragung Einfluß nehmen. Er betonte, daß auch die schlimmsten dieser Mütter in einem Teil ihres Wesens warme Liebe zum Kind hätten, aber das Kind habe es ihnen schwer gemacht, die Liebe zum Ausdruck zu bringen.

Man sehe an den Kindern, daß die Familien Schizophrener nicht durch irgend etwas Ungünstiges genügend gekennzeichnet seien, schon eher durch die Gegensätzlichkeit zwischen Ungünstigem und Günstigem. Nach seiner heutigen Auffassung zerbrächen die Schizophrenen an den gleichen Schwierigkeiten, mit denen wir alle ringen. Höre man in den Schizophrenen hinein, so bemerke man etwas, das simplifiziert in nüchterne Worte gefaßt etwa lautet: «Bitte, bitte nimm mich, wie ich eben einmal bin.»

Auf diesem Symposion sprach auch Lutz in einem Beitrag der Kinderpsychiatrie zu Fragen der Entstehung der Schizophrenie. Er betonte, daß die vor dem 10. Lebensjahr auftretende kindliche Schizophrenie sehr selten sei, und daß die etwa viermal häufigeren anderen kindlichen Psychosen im Frühalter autistischer oder organischer Natur seien. Die bei erwachsenen Kranken auffallenden Charaktereigenheiten, wie auch die Familien- und Umweltkonstellationen, seien unspezifischer Natur. Eine Schizophrenie könne nach Lutz entstehen, wenn ein Kind von früh an, oft familiär bedingt, abartig und schwächlich strukturiert, nicht richtig stärkend ins Leben eingeführt werde und tief kränkende Erlebnisse erfahre, in die Pubertätsvorgänge eintrete und der entwicklungsbedingten Turbulenz nicht mehr gewachsen sei.

Die Einsicht, die aus den Beiträgen zu diesem Symposion 1970 gewonnen werden kann, liegt darin, daß es wenig aussichtsreich ist, weiterhin eine einzelne und nach Möglichkeit organische Ursache der Schizophrenie zu entdecken, also weiter nach dem «Schizococcus» oder den «Schizaminen» zu suchen. Die Hoffnung auf eine organische Ursache der Schizophrenie führte dann durch die Erfindung des Computers und die dadurch gegebene Möglichkeit der Sammlung einer großen Zahl von Daten und die dadurch mögliche epidemiologischer Forschung dazu, daß die Suche nach solchen zusätzlich wirksamen Faktoren die psychiatrische Forschung fast ausschließlich beherrschte.

Im Bereich der organischen Faktoren waren es vor allem die high-risk-Untersuchungen von Mednick und Schulsinger, um eine der wenigen prospektiven Untersuchungen zu nennen, die den weiteren Verlauf bei Kindern beobachten, welche aufgrund einer Abkunft von einer schizophrenen Mutter eine besondere Risikogruppe bezüglich der Entstehung dieser Krankheit darstellten.

Die Untersuchungen bestätigten nun aber auch die Bedeutung von Komplikationen und Schädigungen während der frühkindlichen Entwicklung. So war beispielsweise bei Zwillingskindern in der Regel der zweitgeborene Zwilling, der in verstärktem Maße geburtstraumatischen Schädigungen ausgesetzt war, derjenige, der häufiger an Schizophrenie erkrankte im Vergleich zum Erstgeborenen.

In dieser Risikogruppe von insgesamt 167 Kindern schizophrener Mütter erkrankten nach Erreichung des Risikoalters 17, also 10%, was dem Erwartungswert ungefähr entspricht. In der Vergleichsgruppe erkrankte nur ein Kind an Schizophrenie. Dabei zeigte sich, daß die psychovegetative Erregbarkeit dieser Risikokinder höher war, als die der Kontrollgruppe. Die psychovegetative Erregbarkeit war in der Risikogruppe deutlich höher, wenn die Familie nicht intakt war, als wenn das Risikokind aus einer intakten Familie stammte.

Straube berichtete in einem Referat über eine Dokumentation von Rosenthal (1963) über die Entwicklung von Vierlingen, vier Schwestern, die alle im Laufe ihres Lebens an Schizophrenie erkrankten. Das Kind, das zuerst erkrankte, hatte das geringste Geburtsgewicht und war die gesundheitlich Schwächste und Störbarste, erbrachte auch die schlechtesten Schulleistungen und war das «Sorgenkind» der Mutter. Sie wurde deswegen von der Mutter strenger gehalten und mehr beaufsichtigt. Bei der Tochter, die als nächste erkrankte, hatte sich der Vater, ein aufbrausender Trinker, außerordentlich einschränkend, überprotektiv und kontrollierend verhalten und ihre Außenkontakte behindert. Diejenige der vier Schwestern, die zuletzt erkrankte, fand den stärksten Halt an der Mutter und erkrankte auch am leichtesten.

Dieses Experiment der Natur veranschaulicht sehr deutlich das Zusammenwirken mehrerer Faktoren, sowohl solche organischer und wie auch milieureaktiver Art.

Organische Faktoren in der Schizophreniegenese

In der Suche organischer Faktoren für die Schizophreniegenese sieht die Neurochemie ihre wesentliche Aufgabe. Es wurden auch schon zahlreiche Abweichungen von der Norm festgestellt, in keinem Fall jedoch eine spezifische Veränderung, die nur bei Schizophrenen gefunden werden konnte.

Es ist dabei auch zu berücksichtigen, daß bei solchen Untersuchungen an schizophrenen Erkrankten die Kontrollgruppe meist aus dem Kreis Gesunder geholt wird, meist bei Studenten oder sonst gesunden jungen Menschen in einer psychisch in der Regel ausgeglichenen Situation. Da die gefundenen Abweichungen möglicherweise auch als unspezifische Stoffwechselveränderungen angesehen werden müssen, wie sie grundsätzlich bei psychischer Erregung, bei starken Emotionen oder psychischer Belastung auftreten können, wäre als wahrscheinlich zu erwarten, daß dieselben Stoffwechselveränderungen, wie sie bei an Schizophrenie Erkrankten festgestellt wurden, in ähnlicher Weise auch an Menschen gefunden würden, die gerade in einer psychischen

Streßsituation leben, etwa bei Herzinfarktpatienten oder in ähnlichen Situationen. Solche Untersuchungen sind aber bisher nicht gemacht worden, ganz abgesehen davon, daß es ethische Hindernisse gibt, solche Untersuchungen durchzuführen.

Als am besten gestützt wird die Dopamin-Hypothese genannt, die davon ausgeht, daß bei der Schizophrenie eine Überaktivität bestimmter Dopaminneuronen im Gehirn vorliege. Es handele sich um eine Steigerung der Empfindlichkeit des postsynaptischen Dopaminrezeptors. Hier ergeben sich wiederum Beziehungen zum GABA-System. Diese Hypothesen gehen meist von Neuroleptikawirkungen aus, die aber auch nicht als schizophreniespezifisch angesehen werden können (Ackenheil u.a.). Ackenheil (1990) selbst betont, daß nicht angenommen werden könne, daß bei einem bestimmten psychischen Krankheitsbild nur ein isoliertes Transmittersystem gestört sei. Eine solche endgültige biochemische Charakterisierung sei bisher nicht gelungen. Betrachtet man die organische Organisation des Menschen, insbesondere seiner Psyche, unvoreingenommen, dann ist eine solche unmittelbare Beziehung zwischen biochemischer Störung und psychopathologischem Bild tatsächlich auch gar nicht zu erwarten.

Aus der Reihe der organphysiologischen Untersuchungen sind in diesem Zusammenhang die Untersuchungen von Koukkou und Lehmann erwähnenswert, die aufgrund elektroenzephalographischer Befunde ein Hirnfunktionsmodell vorstellen konnten, das die Traumbildung durch psychophysiologische Mechanismen erklärt, ohne spezielle Traumprozesse zu postulieren. Diese psychophysiologischen Mechanismen gebe es in unterschiedlichen funktionellen Zuständen des Gehirns, im Wachzustand, im Traum, aber auch in der Kindheit im Zusammenhang mit verschiedenen Denkstrategien und verschiedenen Gedächtnisspeichern. Im Gedächtnis seien auch die Denkstrategien, die etwa in der Kindheit angewandt und gespeichert wurden, fixiert und im jeweils entsprechenden funktionellen Zustand, also etwa im Traum, abrufbar. Im Schlaf fluktuiere der Erwachsene zwischen verschiedenen funktionellen Zuständen, die Ähnlichkeit mit wachen funktionellen Zuständen der Kindheit haben. Der Erwachsene könne somit im Schlaf auch Denkstrategien früherer Entwicklungsstufen benützen. Koukkou und Lehmann sprechen dabei von *funktioneller Regression*. Sie entwickelten dieses Modell zum Verständnis der Neurose und der Psychotherapie.

In weiteren Untersuchungen erweiterte Frau Koukkou-Lehmann dieses Hirnmodell auf das schizophrene Denken. Sie kommt aufgrund ihrer Untersuchungen zu dem Ergebnis, daß der dysfunktionierende kontrollierte Informationsverarbeitungsmodus der schizophrenen Menschen auch Verhaltensmanifestationen, die früheren Entwicklungsphasen entsprechen, nicht koordinieren oder einschränken könne. Die funktionelle Differenz zwischen dem abnormen schizophrenen Zustand und normalen Kindheitsphantasien oder erwachsenen Traumzuständen sieht Frau Koukkou-Lehmann im Falle der Kindheitsphantasien in multiplen kurzdauernden EEG-Zustandsveränderungen, die ein typisches Charakteristikum des Kindheits-EEGs sind. Diese mögen gleichzeitige wiederholte Testung der Umgebungsrealität reflektieren. Diese Testung möge bei fehlenden Speicherplätzen mit Erwachsenen-Strategien, welche die festgestellten «Diskrepanzen» zwischen Phantasie und Realität als korrekturbedürftig beurteilt hätten, das Kind in die Lage versetzen, grundsätzliche Konflikte mit der Umgebung zu vermeiden, während es seiner Phantasie freie Bahn läßt. Die Seltenheit der Psychosen im Vorpubertätsalter könnten eventuell damit erklärt werden. Im Falle der Erwachsenenträume möge die massive Reduktion der Umgebungsinteraktion durch die massive Reduktion des sensorischen Inputs und des motorischen Outputs und die daraus resultierende Reduktion der Feedback-Information mit der Umgebung während des Schlafes eine entscheidende Rolle spielen. Es könne auch angenommen werden, daß die kognitiven Strategien der Speicherplätze der Schlafphasen den halluzinatorischen Charakter der Träume «erlauben», und auf diese Weise komme der Schlafende nicht in Konflikt mit Umweltbedingungen.

Hierauf wird später noch einzugehen sein.

Auch die neuropathologische Forschung hat zur Frage der Schizophreniegenese beigetragen. Von hier aus wird immer wieder auf morphologische Veränderungen des Gehirns, meist Ventrikelerweiterungen hingewiesen, besonders von Huber (1969). In jüngster Zeit wird beispielsweise eine Untersuchung von Suddath aus Washington (1990) als Beweis für strukturelle Hirnveränderungen bei der Schizophrenie genannt. Die Forschergruppe habe bei 15 monozygoten Zwillingspaaren, von denen einer an Schizophrenie erkrankt war, in kernspintomographischen Untersuchungen in 14 Fällen eine Erweiterung des linken Seitenventrikels, bei 13 des rechten und des 3.Ventrikels beim schizophrenen Zwilling ergeben. Diese und ähnliche Befunde können nur die Bedeutung frühkindlicher perinataler Schädigungen bestätigen, denen ohnehin Zwillinge verstärkt ausgesetzt sind. (Suddath, R. L. et al. N. Engl. J. KMed. 322 (1990) 789, aus einem Literaturreferat).

Die Milieufaktoren

Auch Umweltfaktoren wurden in ihrer Bedeutung für die Schizophreniegenese untersucht.

Hier sind vor allem die amerikanischen Forschungen an Familien Schizophrener zu erwähnen, wie sie von Bateson, Wynne und Lidz berichtet wurden und die in die vielfach verwandten Begriffe des double-bind und der Metakommunikation eingegangen sind. Da diese Untersuchungen, die hier nicht im einzelnen referiert werden sollen, durchweg an vielen Familien erhoben wurden, in denen bereits ein Familienmitglied an Schizophrenie erkrankt war, können sie für die Ursache der Schizophrenie nichts Sicheres beitragen, wenngleich die dabei beobachteten Interaktionsmuster beachtenswert und für das Verständnis schizophrenen Erlebens zweifellos von großer Bedeutung sind.

Aus den familiendynamischen Überlegungen zur Schizophreniegenese stellt das Konzept der «expressed emotion» einen wichtigen Ansatz dar. Es besagt, daß bei einem an Schizophrenie Erkrankten ein deutliches Risiko für psychotische Rezidive besteht, wenn der Betreffende in einer Familie lebt, in der die Kommunikation mit den Angehörigen von häufigen und starken Gefühlsäußerungen begleitet wird. So konnte gezeigt werden, daß beispielsweise bei Patienten, die zur Untermiete oder bei Geschwistern wohnten, eine Rückfallhäufigkeit von nur 17% innerhalb der Ein-Jahres-Grenze festzustellen war, wogegen bei Entlassungen zu den Eltern, zu den Ehepartnern oder in asylähnliche Unterkünfte die Mißerfolgsraten zwischen 36 und 54% relativ hoch lagen. Beobachtungen zeigen, daß die Familie ihrem kranken Familienmitglied allgemein wenig Autonomie überläßt und auf dessen schizophrene Episoden vorwiegend gereizt oder hilflos reagiert. Von Patienten, die in eine emotional sehr ausdrucksaktive Familie entlassen werden, dekompensieren beinahe zwei Drittel der Patienten (62%), wogegen bei niedriger Emotionalität der Angehörigen nur 20% wieder erkranken.

Solche starken Emotionen sind geeignet, die psychosozialen Probleme, denen sich der Patient ausgesetzt fühlt, immer wieder aufs neue zu aktualisieren und ihn damit zu veranlassen, sich durch Regression dieser Problematik wieder zu entziehen, d.h., erneut in die Nebenrealität zu flüchten, was dann bei seiner speziellen Entgleisungsgefahr auch regelmäßig wieder zur Entgleisung, d.h zur Schizophrenie, führt.

Eigene Untersuchungen, welche unter Anwendung einer in der Kinder- und Jugendpsychiatrie üblichen Anamneseerhebung bei den Eltern die Vorgeschichte bei 50 Jugendlichen und jungen Erwachsenen, die an Schizophrenie erkrankt waren, erhoben und diese mit der Vorgeschichte von jungen Menschen verglichen, die wegen eines Unfalles in einer Klinik stationär aufgenommen waren, aber noch nie eine psychiatrische Behandlung benötigt hatten (Keppler, Lempp, Paschedag, Rebmann und Rupps 1979), bestätigten interessante Unterschiede (s.Tab.1 S. 66 – 67). Signifikante Unterschiede zu Lasten der schizophrenen Probanden fanden sich bei untergewichtigen und untermaßigen Neugeborenen, aber auch bei Komplikationen in der Entwicklung, insbesondere bei motorischer Ungeschicklichkeit. Vergleicht man die einzelnen pränatalen, peri- und postnatalen Komplikationen, so läßt sich meist eine größere Häufigkeit bei der Probandengruppe feststellen, ohne daß signifikante Differenzen erreicht werden konnten. Faßt man aber alle prä-, peri- und postnatalen Faktoren zusammen, sowie Hinweise auf eine frühkindliche Hirnschädigung, dann sind diese Unterschiede signifikant.

Das bestätigt auch das Auftreten von Verhaltensstörungen und -auffälligkeiten im Kindesalter, sowie in der Schulsituation mit verspäteter Einschulung und schlechten Leistungen, vor allem im Rechnen.

Ein Vergleich der Milieufaktoren zeigt interessante Unterschiede bei Streit zwischen den Eltern und bei finanzieller Not in der Familie während der frühen Kindheit des Probanden. Diese Ergebnisse sind in einer anderen Untersuchung gemeinsam mit E. Gutermann (1985, Lempp 1984) bestätigt worden. Hier wurden – als dies noch vor Einführung des strengen Datenschutzgesetzes möglich war – in allen psychiatrischen Kliniken und Krankenhäusern der näheren und weiteren Umgebung der Abteilung für Kinder- und Jugendpsychiatrie der Universität Tübingen diejenigen herausgesucht, die in dieser kinder- und jugendpsychiatrischen Abteilung aufgenommen waren und später unter der Diagnose Schizophrenie in diesen Einrichtungen behandelt wurden. Aus einer Liste von etwa 20 000 Namen aus der Abteilung, die 1945 oder später geboren waren, wurden 80 Namen wiedergefunden. In 67 Fällen lag eine auswertbare Krankengeschichte vor. Bei 27 von diesen 67 war schon bei der Aufnahme in der Kinder- und Jugendpsychiatrie seinerzeit die Diagnose einer Psychose oder der Verdacht auf eine solche gestellt worden, bei ebenfalls 27 die Diagnose Neurose oder Pubertätskrise. Bei 13 weiteren Patienten lautete die Diagnose frühkindliche Hirnschädigung, Schwachsinn, Leistungsschwäche, Epilepsie und anderes.

Die Krankengeschichten der Kinder mit der Diagnose Neurose und Pubertätskrise erscheinen deswegen besonders wichtig, weil die Vorgeschichte damals und die Schilderung der familiären Umstände nicht unter dem Eindruck der Diagnose einer Schizophrenie erhoben wurde und keine irgendwie geartete Umwelttheorie die Feder geführt hatte. Bei drei Viertel dieser Fälle fanden sich Fälle einer chronischen intrafamiliären Auseinandersetzung, meist grundsätzlich Uneinigkeit über die Erziehungshaltung, in zwei Drittel der Fälle bestand ein ständiger Streit und in fünf Fällen ein ganz einseitiges Dominanzverhältnis eines Ehepartners, und in knapp der Hälfte der Fälle waren Großvater, Großmutter oder Tante eine bestimmende Person im Haushalt. Wenn man dies alles zusammenzählt, so war nur ein einziger Fall von solchen intrafamiliären Problemen frei. Auch bei der Gruppe derjenigen, die schon bei der Aufnahme in der Kinder- und Jugendpsychiatrie als Psychosen erkennbar waren, waren die Verhältnisse ebenso eindrucksvoll.

Eine familiäre Belastung mit Schizophrenie oder psychopathologischen Auffälligkeiten der Eltern bestand bei beiden Gruppen, sowohl der Gruppe, die damals schon als psychotisch und psychose-verdächtig erkannt wurde, ebenso wie in der Gruppe, die nur als neurotisch bezeichnet wurde. Familiäre psychopathologische Belastung lag in etwa einem Drittel der Fälle vor. Hinweise auf eine cerebrale Alternation im frühen Kindesalter fanden sich in der Hälfte bis zu zwei Drittel aller Fälle.

Die Schizophreniegenese in der neueren psychiatrischen Literatur

In den letzten Jahren sind verschiedene Publikationen erschienen, die sich mit der Schizophreniegenese befaßt haben. Teils sind es Wiedergaben von Vorträgen und Referaten von Kongressen und Symposien, teils sind es Monographien zu diesem Thema. Etwas länger zurück liegt die Veröffentlichung von

Tabelle 1

Geschlechtsverteilung	Probanden	Kontrollgruppe
Frauen	22 = 44%	17 = 34%
Männer	28 = 56%	33 = 66%
gesamt	50 = 100%	50 = 100%

	Häufigkeit in % Probanden	Häufigkeit in % Kontrolle	
I. Pränatale Komplikationen (32 Fragen)			
Blutungen	2	8	
Nephropathie	6	4	
fieberhafte Erkrankung	4	–	
Alle pränatalen Faktoren (mindestens 1)	78	84	
II. Perinatale Komplikationen (25 Fragen)			
Lageanomalie	8	4	
Frühgeburt	18	10	
Zange	4	2	
Dammriß	36	12	s. 1%
Zwillinge	8	–	
Neugeborene 50 cm	20	2	s. 1%
Neugeborene 2500 g	14	–	s. 1%
Alle perinatalen Faktoren (mindestens 1)	84	58	s. 5%

Altersverteilung	Probanden	Kontrollgruppe
15 – 18 Jahre	5	11
19 – 21 Jahre	15	11
22 – 25 Jahre	9	16
26 – 30 Jahre	7	8
31 – 35 Jahre	14	4
	50	50

	Häufigkeit in % Probanden	Häufigkeit in % Kontrolle	
V. Alle prä- und perinatalen Faktoren (mindesten 4)			
I+II	44	32	
VI. Alle prä-, und postnatalen Faktoren (mindestens 4)			
I+II+III	60	34	s. 5%
VII. Alle prä, peri- und postnatalen Faktoren mit Hinweis auf frühkindliche Hirnschädigung (mindestens 6)			
I+II+III+IV	74	42	s. 1%
VIII. Verhaltensstörungen insb. Kontaktstörungen (14 Fragen)			
kein Kontakt mit Spielkameraden	26	14	s. 5%
kein Kontakt mit Schulkameraden	44	14	s. 1%
brachte nie Schulkameraden nach Hause mit	26	8	s. 5%
Anhänglichkeit an bekannte Personen	28	12	
Sekundäre Enuresis	22	12	

III. Postnatale Komplikationen (16 Fragen)			
Ernährungsstörungen	10	8	
Keuchhusten im 1. Lebensjahr	4	6	
sonstige Krankheiten	8	2	
Alle postnatalen Komplikationen (mindestens 1)	46	38	
IV. Komplikationen in der Entwicklung (34 Fragen)			
Krampfanfälle	18	2	s. 1%
Sprachstörungen	10	2	
Motorische Ungeschicklichkeit beim			
Lernen des Schnürsenkelbindens	14	2	s.5%
beim Basteln	34	6	s. 0,1%
mögliche Hinweise auf eine frühkindliche Hirnschädigung (minimal brain dysfunction) (mindestens 4)	44	18	s. 1%

IX. Schulsituation (20 Fragen)			
verspätete Einschulung	20	2	s.1%
schlechte Schulleistung			
in Sport	10	2	
in Werken	14	8	
im Rechnen	12	2	s. 5%
ging ungern zur Schule	14	6	
Angst vor der Schule	10	–	
X. Familiensituation (39 Fragen)			
Betreuung im 1. Lebensjahr durch fremde Personen	26	16	
Betreuung im 2. bis 5. Lebensjahr durch fremde Personen	20	18	
Berufstätigkeit der Mutter	36	32	
Wechsel der Familiensituation (Tod eines Elternteils, Scheidung)	34	22	
Streit zwischen den Eltern	40	12	s. 1%
finanzielle Not der Familie während der frühen Kindheit	36	14	s. 5%
Einzelkind	12	2	
psychiatrische Behandlung			
des Vaters	8	–	
der Mutter	14	6	
der Geschwister	20	2	s. 5%
Psychiatrische Erkrankungen in der Verwandschaft	68	14	s. 0,1%
davon Schizophrenie	52	2	s. 0,1%
Nicht erwünschtes Kind	32	14	s. 5%
Verspätete Sprachentwicklung	42	16	s. 1%
Streit zwischen den Eltern	12	4	
Tod eines Elternteils	16	4	
Scheidung	4	6	

Benedetti und Rauchfleisch (1975), welche die Ergebnisse der Forschung zur Schizophrenielehre aus dem Jahre 1966 bis 1972 zusammenfassend darstellten. Die Autoren berichten vor allem über die Epidemiologie und die Familienforschung, aber auch über eine psychotherapeutisch orientierte Forschung. In der Berichtszeit stand die Familienforschung ganz im Vordergrund, aber auch dic moderne Zwillingsforschung, und die Autoren sehen darin ein Beispiel hervorragender Zusammenarbeit zwischen Naturwissenschaft und verstehender Psychologie, wobei sowohl die Grenzen, als auch die Bedeutung dieser beiden Blickrichtungen klarer gesehen werden.

In dem Berichtsband über den Kongreß der Deutschen Gesellschaft für Psychiatrie und Nervenheilkunde durch Böcker und Weig (1988) findet sich alles zusammengetragen, was zu dem damaligen Zeitpunkt in der Schizophrenieforschung aktuell war und Interesse fand. Heimann gibt dabei einen geschichtlichen Überblick über die Ätiologievorstellungen in der Psychiatrie seit Esquirol über das Kraepelinsche System der Geisteskrankheiten bis heute und zeigt dabei, daß klinisch psychiatrische Befunde heute sehr verschiedene reduktive Modelle der Komplexität ätiologischer Gesichtspunkte zulassen und daß sich in neuester Zeit die Forschung auf Probleme der Pathogenese verschoben hat. Böcker dringt aus der Sicht des Klinikers tief in das Verständnis der schizophrenen Psychose ein und kommt zu einer Deutung der Schizophrenie als einem Schutz der Identität unter Inkaufnahme der gestörten Kommunikation mit den anderen, auch unter Inkaufnahme der Mißachtung der Außenrealität, unter Aufgabe der Rolle des «homo socialis». Im Hinblick auf das Angewiesensein des Menschen auf Gemeinschaft, auf Austausch und Zusammenleben, bewertet er die Isolation in der Schizophrenie doch als Krankheit. Immerhin stellt er aber die Frage, ob es sich denn wohl um eine Krankheit handele. Auch befaßt er sich in seinen Überlegungen zum leib-seelischen Zusammenhang mit der frühen Persönlichkeitsentwicklung des Kindes.

Die Frage, ob es überhaupt eine Schizophrenie als Krankheit gebe, stellte schon Ciompi 1984, wobei er die alte Lehre von einer starren «Krankheitseinheit Schizophrenie» verläßt, sondern in ihr nur noch einen grundsätzlich immer noch offenen Lebensprozeß bei Menschen mit einer besonderen Art von Verletzlichkeit sieht.

In der Veröffentlichung von Böker und Brenner (1989) meldet sich wieder Ciompi zu Wort und schildert die von ihm entwickelte Dynamik komplexer biologisch-psychosozialer Systeme. Daneben finden sich viele Einzelberichte, in der zusätzlich in der Schizophreniegenese mitwirkende Einzelfaktoren dargestellt werden, vor allem auch kognitive Störungen unterschiedlicher Art.

In einer der wenigen Monographien bringt Scharfetter in der zweiten Auflage seines Buches «Schizophrene Menschen» (1986) auch eine ausführliche Darstellung mehrdimensionaler Modelle zur Schizophreniegenese wie die von M. Bleuler, Ciompi und Lempp, wobei er auf den entwicklungspsychologischen Aspekt dieses Modells besonders eingeht.

Es ist bemerkenswert, daß außer bei Scharfetter in keiner Veröffentlichung der psychiatrischen Forschung die Aspekte der Entwicklungspsychologie im Hinblick auf ihre Bedeutung für die Schizophreniegenese Beachtung oder auch nur Erwähnung fänden. Zwar geht Ciompi in seiner «Affektlogik» ausdrücklich auf die Verbundenheit der kognitiven mit der emotionalen Entwicklung ein, wobei es ihm allerdings viel mehr auf die Gleichzeitigkeit und die gegenseitige Bestimmtheit dieser beiden Faktoren ankommt, als auf einen entwicklungspsychologischen Prozeß während der ersten Kindheitstage.

Selbst da, wo im Rahmen dieser Tagungs- und Symposionsberichte Kinder- und Jugendpsychiater selbst zu Wort kommen (Remschmidt 1988) werden die Entwicklungsfaktoren in ihrer Bedeutung für kinder- und jugendpsychiatrische Störungen und Erkrankungen herausgestellt, im übrigen aber werden nur ganz allgemein die Zusammenhänge von Störungen im Kindes- und Jugendalter mit späteren psychiatrischen Erkrankungen des Erwachsenenalters erörtert. Die kognitive ebenso wie die emotionale Entwicklung des Kindes, die ja, wie wir wissen, als Einheit gesehen werden muß, in ihrer Bedeutung für die Beziehung des heranwachsenden Individuums zu seiner Umwelt und die Rolle, welche die Umwelt selbst dabei spielt, finden keine Beachtung.

Dies hängt mit einer verhängnisvollen Trennung der Forschung zwischen Erwachsenenpsychiatrie einerseits und der Kinder- und Jugendpsychiatrie andererseits zusammen. Als sich im ersten Viertel des 20. Jahrhunderts die Kinder- und Jugendpsychiatrie von der Erwachsenenpsychiatrie zu lösen begann, war sie nur bemüht, die Erkenntnisse und Erfahrungen der Erwachsenenpsychiatrie bei den nun von ihr betreuten untersuchten und behandelten Kindern und Jugendlichen wiederzufinden und zu bestätigen. Fanden sich dabei eigene Krankheitsbilder, wie etwa der frühkindliche Autismus oder auch das hyperkinetische Syndrom, dann interessierten die Zusammenhänge mit späteren psychischen Erkrankungen des Erwachsenenalters kaum, allenfalls hinsichtlich ihrer Häufigkeitszusammenhänge. Umgekehrt kümmerte sich die Erwachsenenpsychiatrie, seit es eine eigene Kinder- und Jugendpsychiatrie gibt, nicht mehr um die dort gefundenen Ergebnisse und deren Erfahrungen. Deren Erkenntnisse interessierten nicht, da es sich ja nur um Kinder und Jugendliche handelt, so als ob die erwachsenen psychiatrischen Patienten nicht auch einmal Kinder und Jugendliche gewesen wären (Lempp 1990). So erscheint es notwendig, einmal die Brücke zu schlagen von entwicklungspsychologischen Erkenntnissen zur Psychopathologie des Jugend- und Erwachsenenalters.

Die Schizophrenie als Selbstheilungsversuch bei gestörter psychischer Entwicklung und als eine wegen Überstiegsverlust mißglückte Regression

Ein entwicklungspsychologisches Modell der Schizophreniegenese

Wenn wir das Phänomen Schizophrenie als den psychischen Zustand eines Menschen beschreiben, der einen Teil seiner Fähigkeit verloren hat, zwischen der Betrachtung seiner Umwelt, wie er sie aus seiner subjektiven Sicht her erlebt, und einer Betrachtungsweise, die zwar keine objektive ist, aber in der er sich doch eins weiß mit den ihn umgebenden Mitmenschen, zu unterscheiden, wenn also Schizophrenie der Teilverlust der Fähigkeit des Überstiegs von der Nebenrealität zur gemeinsamen oder Hauptrealität bedeutet, dann muß man bei der Suche nach der Ursache eines solchen Teilverlustes – ein totaler Verlust kommt offenbar so gut wie nie vor – ins Auge fassen, daß der Aufbau der verschiedenen Realitätsebenen, das Erlernen des Wechsels von einer Ebene zur anderen eine Leistung der ersten Kindheitsjahre ist, und wir müssen uns überlegen, welche Faktoren diesen Aufbau des Realitätsbezugs stören können.

Der Aufbau der individuellen Nebenrealität unterliegt dabei kaum irgendwelchen störenden Einflüssen, denn so, wie sie aufgebaut wird, so ist sie für das Individuum als seine eigene und individuelle Erlebensweise seiner Umwelt geeignet. Gestört kann dieser Aufbau der Nebenrealität eigentlich nur werden, wenn er eine ständige Abwertung durch die Umwelt erfährt, d. h. für ein Kind, wenn die Eltern oder andere auf das Kind Einfluß nehmende erwachsene Personen ihm seine Phantasien abwerten, ja verbieten und ihm mit dem Aufbau und der Pflege dieser Phantasien und individuellen Erlebnisweisen ein schlechtes Gewissen vermitteln. Dies geschieht leider allzu häufig durch gedankenlos abwertende Bemerkungen wie: «das ist doch nicht die Wirklichkeit» oder «was bildest du dir nur ein» oder «das ist doch nicht richtig, das ist doch nur Phantasie».

Unser ganzes, vordringlich auf Leistung ausgerichtetes Erziehungssystem, das schon im Kindergarten beginnt, fördert die Abwertung individueller Betrachtungsweisen und Phantasievorstellungen, denn Leistung, so wie die Schule und unser Ausbildungssystem sie versteht, ist nur vergleichbare Leistung, d.h. vermeintlich objektivierbare Leistung, und ein Vergleich ist nur möglich vor dem Hintergrund einer gemeinsamen Realität. Die einzige Ausnahme ist die künstlerische Entfaltung, die sich aber im Grunde jedes wertenden Vergleichs und damit jeder Benotung entzieht.

Die Korrektur und Abwertung der individuellen Phantasie beginnt gedankenlos bereits im Kleinkindesalter, wenn das Kind beginnt, aufs Papier zu kritzeln und diese Kritzelzeichnungen gegenständlich benennt. Es wird dann dem Kind gezeigt, wie das, was es ja offenbar darstellen wollte, «wirklich» aussieht, und es wird seine eigene Betrachtungsweise in Richtung auf eine gemeinsame Betrachtungsweise korrigiert. Dabei ist für das Kind die Kritzelzeichnung meist gar nicht der insuffiziente Annäherungsversuch an eine gemeinsame Wirklichkeit, sondern konkreter und stimmiger Ausdruck seines eigenen Erlebens. Daß der andere seine Zeichnungen nicht ebenso erkennen und interpretieren kann, berührt das Kind zunächst nur wenig. Auch vermag es Qualitäten graphisch darzustellen, die sich nach allgemeiner Vorstellung einer solchen Darstellung prinzipiell entziehen müssen. So erklärte ein 3–4-jähriges Mädchen zu den von ihm aufs Papier gebrachten geschwungenen Linien, es sei dies «etwas Weiches». Eine taktile Qualität getrauen wir Erwachsenen uns aber schon längst nicht mehr zweidimensional graphisch darzustellen.

Es kann hier nicht auf die große Bedeutung der Nebenrealität im einzelnen eingegangen werden, die wohl eine ausgeprägte psychohygienische Funktion hat, deren Bedeutung noch in keiner Weise erörtert, geschweige denn erkannt wurde. Es sollte hier nur so viel gesagt werden, daß es außer einer einengenden und phantasietötenden Erziehungshaltung keine Störungen im Aufbau der Nebenrealität geben kann.

Für den Aufbau der gemeinsamen Realität, der Hauptrealität, sind dagegen zwei Grundvoraussetzungen erforderlich:

1. Eine Gemeinschaft, in der das Kind aufwächst und die ihm ihre eigene Erlebnisweise und Art der Bewertung ihrer Umwelt vermittelt, und
2. die Fähigkeit des Kindes, die Reize und Signale aus dieser Umwelt zu einer gleichen, zumindest ähnlichen und vergleichbaren Weise wie die anderen Mitglieder dieser Gemeinschaft aufzunehmen und zu interpretieren.

Im einen Fall handelt es sich um eine soziale Aufgabe, im anderen Fall um eine kognitive Fähigkeit. Die Verbindung zwischen beidem verleiht den kognitiv aufgenommenen Informationen ihre eigene Emotionalität im Sinne der Affektlogik von Ciompi.

Hier aber können auf sehr unterschiedliche Weise Störungen im Aufbau dieses gemeinsamen Realitätsbezugs entstehen.

1. Störungen durch ungenügende oder widersprüchliche Informationen aus der Umwelt.

Das außerhalb einer Gemeinschaft aufwachsende Kind, beispielsweise die sogenannten Wolfskinder, können mit anderen Menschen keine gemeinsame Realität aufbauen, weil diese anderen Menschen fehlen. Ob sie mit den Wölfen, mit denen sie aufgewachsen sind, so etwas ähnliches aufgebaut haben, mag dahingestellt bleiben. Bettelheim (1990) vertritt dabei überzeugend die These, daß es sich dabei um autistische Kinder gehandelt hat. Nun gibt es diese Situation glücklicherweise kaum mehr, immerhin gibt es erhebliche frühkindliche Deprivationen und Isolierungen von Kindern, die in ihren ersten Lebensjahren mit einem Minimum an Zuwendung und Kontakt heranwachsen müssen. Solche Kinder sind, wie wir seit René Spitz wissen, in ihrer Kontakt- und Sozialisationsfähigkeit mehr oder weniger erheblich eingeschränkt – woran auch die Forschungen von Ernst und von Luckner nichts ändern –, sie werden aber in der Regel nicht schizophren.

Auch die Kinder, die im Rahmen der nationalsozialistischen Verfolgung in den ersten Lebensmonaten und -jahren einer extremen Vernachlässigung dadurch ausgesetzt waren, daß sie im Keller oder im Dachboden versteckt waren und nur ein Minimum an Zuwendung zur allernötigsten körperlichen Pflege und Versorgung erfuhren, sind, wie Untersuchungen ergaben (Lempp, 1979), wohl in ihrer Sozialisationsfähigkeit und späteren Selbständigkeit erheblich behindert gewesen, keiner dieser allerdings seltenen Einzelfälle – weil die wenigsten offenbar überleben konnten – wurde später schizophren oder auch nur autistisch.

Auch das autistische Kind – worauf später noch eingegangen werden wird – wird ja nicht autistisch, weil es in der frühen Kindheit zu wenig Zuwendung erfährt. Dies war zwar lange Zeit die herrschende Lehre zur Genese des frühkindlichen Autismus, wie sie vor allem durch die Psychoanalyse vertreten wurde (Bettelheim). Inzwischen ist allgemein klar geworden und anerkannt, daß der rein psychogene Autismus wohl eher einem theoretischen Konstrukt entspricht, als einer realistischen Gegebenheit.

Man kann sich aber gleichwohl Situationen und Bedingungen vorstellen, welche den Aufbau eines gemeinsamen Realitätsbezugs beim Kinde verhindern, etwa dadurch, daß ein Kind in seiner frühesten Lebensphase nach der Geburt ständig wechselnden Beziehungsbedingungen ausgesetzt wird, welche eine hinreichende Stabilität sich regelmäßig wiederholender Erfahrungen unmöglich macht.

Nun geht es im konkreten Fall jedoch nie um das völlige Fehlen der Möglichkeit zum Aufbau eines gemeinsamen Realitätsbezugs, sondern es geht lediglich um Störungen beim Aufbau derselben. Hierher gehört nun wohl alles, was die amerikanische Familienforschung zur Schizophreniegenese zusammengetragen hat an Metakommunikation und double bind (Bateson, Wynne und Lidz). Wir haben schon darauf hingewiesen, daß bei einem Kind, das regelmäßig, immer wiederholt und über längere Zeit gegensätzlichen und widersprüchlichen Informationen ausgesetzt ist, wenn beispielsweise sprachliche und gestisch-mimische Informationen sich widersprechen, wenn der

Erwachsene dem Kind gegenüber sprachlich seine Zuneigung versichert, aber gleichzeitig in Mimik und Gebärde das Kind von sich weist oder auf Distanz hält, in der Regel zwar kein gemeinsamer Realitätsbezug verhindert wird, daß es ihn aber instabil macht, unsicher und fragwürdig. Dabei kann vom Kind offenbar davon ausgegangen werden, daß die widersprüchliche Information nicht von ein und derselben Person ausgehen muß. Es handelt sich bereits, wie wir gesehen haben, um eine double bind-Situation, wenn die gegensätzlichen und einander ausschließenden Informationen von zwei Beziehungspersonen ausgehen, die für das Kind etwa die gleiche Wichtigkeit und Bedeutung haben, also etwa von Vater und Mutter. So wäre es verständlich, warum auch statistisch in der Untersuchung von Keppler u.a. Streit der Eltern als ursächlicher Faktor festgestellt werden konnte, so wie er übrigens auch als ursächlicher Faktor für dissoziales oder gar kriminelles Verhalten bekannt ist (Lempp 1972).

Ein eindrückliches Beispiel gab der 10jährige Junge, über den schon berichtet wurde. Er lebte zwischen den in völligem Zerwürfnis lebenden Eltern und Großeltern und erkrankte akut an einer Psychose mit Angstsymptomatik.

2. Störungen im Aufbau des Realitätsbezugs durch kognitive Abweichungen und kognitive Schwäche.

Hierzu wurde im Abschnitt über die Teilleistungsschwächen und ihre Bedeutung für den Aufbau des gemeinsamen Realitätsbezugs für das Kind alles Wesentliche gesagt.

Kinder mit einer visuellen Teilleistungsschwäche erfassen den Signalcharakter visueller Informationen weniger zuverlässig und deutlich als nicht-teilleistungsgestörte Kinder. Die Beobachtung einer Situation hat für diese nicht den gleichen eindeutigen Informationsgehalt wie für nicht betroffene Kinder. Ähnlich ist es im auditiven Bereich, wenngleich hier Schwächen in der Regel erst später bemerkt werden, da die auditiven Eindrücke eine viel höhere Konstanz und Gleichförmigkeit aufweisen als die visuellen. Umschriebene Schwächen in einem Teilbereich der Reizaufnahme und -verarbeitung müssen aber zu einer unterschiedlichen Form der Umwelterfahrung führen.

Dabei entstehen aus den sich ergebenden Unterschieden in der Leistungsfähigkeit bei der Reizaufnahme und -differenzierung charakteristische Mißverständnisse zwischen dem Kind und seiner erwachsenen Umgebung dadurch, daß diese die Schwächen des Kindes nicht wahrnimmt und nicht berücksichtigt. Fehlende oder falsche Interpretation der Information durch das Kind werden als ein Nicht-Wollen des Kindes fehlinterpretiert und unter Umständen moralisch negativ bewertet, was bereits zu einem Kristallisationspunkt für eine Beziehungsstörung, d.h. für eine negativ-emotionale Fixierung kognitiver Erfahrungen führen kann.

Diese Teilleistungsstörungen und Teilleistungsschwächen sind in der Kinder- und Jugendpsychiatrie wohlbekannt und sind bei vielen Kindern festzustellen. Sie sind nicht selten Teilursachen für Lernstörungen, sekundäre Verhaltensstörungen und Anpassungsschwierigkeiten. Sie finden sich gehäuft bei solchen Kindern.

Solche Teilleistungsstörungen und -schwächen sind geeignet, den Aufbau der Umweltbeziehung zu beeinträchtigen, zu stören oder mindestens zu labilisieren, zu verunsichern.

Es zeigt sich übrigens, daß diese Teilleistungsstörungen identisch sind mit den sogenannten Basisstörungen (Süllwold), wie sie bei erwachsenen Schizophrenen relativ spät in der Schizophrenieforschung beobachtet wurden. Man hat sie lange Zeit für Symptome bei schizophrener Erkrankung gehalten. Dabei sind sie keineswegs typisch für eine Schizophrenie und führen keineswegs allein und entscheidend zu einer schizophrenen Störung, aber sie sind offenbar geeignet, eine solche Entwicklung eher zu ermöglichen. Von Klosterkötter wurde übrigens die Entwicklung charakteristischer schizophrener Symptomatik, wie beispielsweise Wahn und Halluzination, aus solchen Basisstörungen oder Teilleistungsstörungen aufgezeigt.

Inzwischen wurde auch von Mundt und Kasper die Unspezifität der Basisstörungen festgestellt, die genauso häufig bei neurotischen Patienten wie bei schizophrenen gefunden werden können.

Die Bedeutung von Teilleistungsstörungen im Umfeld der Schizophrenie wird auch durch eine besondere Testleistungsfähigkeit bei Schizophrenen deutlich. So finden Schizophrene im figure-embedded-test leichter und schneller verborgene Figuren heraus. Wir kennen solche versteckten Figuren in den Fixierbildern für Kinder, in denen beispielsweise mit mehr oder weniger großer Mühe in dem Geäst eines Waldes die Figur des Försters oder dergleichen erkannt werden kann. Man muß wohl davon ausgehen, daß der Schizophrene weniger von der «guten Gestalt» bestimmt ist, die verhindert, abgrenzbare Einzeldetails aus dem Gesamtbild herauszusondern. Die Dominanz der «guten Gestalt» ist jedoch eine typische Leistung der gemeinsamen Realität.

Tatsächlich findet sich auch im familiären Umfeld von Schizophrenen eine erhöhte Leistung im figure-embedded-test, wie dies Eggers gezeigt hat.

Die Ursache der Teilleistungsstörungen, die im übrigen in ihren Verdünnungsgraden von individuellen Begabungen und Schwächen im Bereich der Normalität kaum abgrenzbar sind, sehen wir sowohl in einer Erblichkeit, wie auch in einer erworbenen Störung im Zusammenhang mit einer frühkindlich erworbenen Hirnschädigung leichten Grades.

a) In der Erblichkeit der Teilleistungsstörung ist mit Wahrscheinlichkeit die unbestreitbare Erblichkeit der Schizophrenie mitbegründet. Dem Kinder- und Jugendpsychiater begegnet es in der klinischen Praxis nicht selten, daß bei der Feststellung einer Teilleistungsstörung beim Kinde, die Anlaß zu Leistungsschwächen oder Verhaltensstörungen gegeben hat, sich die Mitteilung aus der Großelterngeneration ergibt, daß eines der Eltern dieses Kindes – meist sind es die Väter – ebenfalls in der Kindheit eine solche Begabungsschwäche gezeigt habe.

b) Die leichtgradige frühkindliche Hirnschädigung als Ursache der Teilleistungsstörung.

Die Häufigkeit von Teilleistungsstörungen in einem kinder- und jugendpsychiatrischen Klientel ergibt sich aus den folgenden Tabellen (Tabelle 2 und 3). Im Vergleich mit Kindern ohne solche Teilleistungsstörungen ergibt sich auch die Bedeutung frühkindlicher organischer Komplikationen während der prä-, peri- und postnatalen Entwicklung des Kindes.

Es besteht insofern kein Zweifel, daß eine leichtgradige frühkindliche Hirnschädigung auf dem Wege über eine dadurch hervorgerufene Teilleistungsschwäche einen Faktor darstellen kann, der offenbar in der Schizophreniegenese eine gewisse Bedeutung hat. Nach dem, was über die veränderte Umwelterfassung dazu bereits gesagt ist, ist ein solcher Zusammenhang einleuchtend. Damit ist auch erklärt, warum bei schizophrenen Jugendlichen Hinweise auf eine frühkindliche Komplikation häufiger gefunden werden als bei anderen Patientengruppen.

Tabelle 2: Ursächliche Faktoren der Teilleistungsstörungen (TLS)

	Schwangerschafts-komplikationen		Geburts-komplikationen	
	männlich	weiblich	männlich	weiblich
visuelle TLS	78,1 % **	66,7 % **	68,9 % **	65,1 % **
auditive TLS	61,9 % **	72,7 % **	57,9 % **	66,0 % **
Raumlagelabilität	47,2 %	43,7 %	47,2 % *	34,4 %
motor. Ablaufstörungen	41,0 %	34,1 %	47,9 %*	53,7 %*
Dyskalkylie	33,3 %	—	44,4 %	55,0 %
graphomotor. TLS	69,2 % **	66,2 % *	67,6 % **	77,3 % **
legasth. Syndrom	56,2 % **	69,86 % **	65,6 % **	60,5 % **
autistisches Syndrom	77,8 % **	78,6 % **	69,0 % **	73,3 % **
Sprachstörungen	37,6 %	44,9 %	44,5 %	38,8 %
keine TLS	42,8 %	44,4 %	39,0 %	41,0 %

* < 5 % signifikant gegen «keine TLS»

** < 1 % signifikant gegen «keine TLS»

Tabelle 3: Häufigkeit von Teilleistungsstörungen

Aus	12 224	Kinder- und jugendpsychiatrischen Patienten			
	3 904	auf Teilleistungsstörungen untersucht (2 653 männlich – 1 257 weiblich)			
davon	2 099	mit Teilleistungsstörungen (1571 männlich – 525 weiblich			
	1 805	ohne Teilleistungsstörungen (1 079 männlich – 726 weiblich)			
wegen Mehrfachfeststellungen:					
bei	2 099	wurden 2 441 TLS festgestellt (1 819 männlich – 622 weiblich)			

	insgesamt	männlich	weiblich	Verhältnis männl./weibl.
visuelle TLS	300 (14,3 %)	191 (12,1 %)	109 (20,8 %)	1,75
auditive TLS	468 (22,3 %)	334 (21,2 %)	134 (25,5 %)	2,49
Raumlagestabilit.	113 (5,4 %)	74 (4,7 %)	39 (7,4 %)	1,90
motorische Ablaufstörungen	248 (11,8 %)	197 (12,5 %)	51 (9,7 %)	3,86
Dyskalkylie	66 (3,1 %)	39 (2,4 %)	26 (5,1 %)	1,44
graphomot. TLS	407 (19,3 %)	309 (19,6 %)	98 (18,7 %)	3,50
Legasthen. Syndrom	399 (16,2 %)	295 (18,1 %)	54 (10,3 %)	5,28
autistische Sympt.	190 (9,1 %)	149 (9,5 %)	41 (7,8 %)	3,63
Sprachstörungen	310 (14,8 %)	241 (15,3 %)	69 (13,1 %)	3,49
	(116,3 %)	(115,4 %)	(118,4 %)	

Auf die Bedeutung der leichtgradigen frühkindlichen Hirnschädigung für die Umweltbeziehung des Kindes überhaupt und damit auch für die Entstehung der Neurosen wurde an anderer Stelle hingewiesen. (Lempp 1964/78).

Auf die Zusammenhänge von solchen leichtgradigen, d. h. nicht zu schweren motorischen und intellektuellen Schädigungen führenden Komplikationen in der frühkindlichen Entwicklung des Gehirns für die Entstehung von Teilleistungsstörungen haben u. a. Akert unter Hinweis auf den komplizierten Vorgang der Hirnzelldifferenzierung und Synaptogenese hingewiesen. Dieser komplexe Vorgang läßt es als wahrscheinlich erscheinen, daß die organische Struktur der Nervenzellen im Gehirn niemals bei zwei Menschen völlig identisch ist. Hier liegt wohl auch – neben der vielfältigen Variationsmöglichkeiten des genetischen Codes – die psychische Vielfalt des Menschen mitbegründet. Akert konnte zeigen bzw. wahrscheinlich machen, daß die Synaptogenese, d. h. die Entstehung des Netzwerkes der Nervenzellen als Funktions- und Speicherorgan zwar zum großen Teil genetisch determiniert ist, daneben aber auch von Umwelteinflüssen, ja sogar einfach vom Zufall abhängig ist.

Nun muß man davon ausgehen, daß solche unterschiedlichen Vernetzungen keineswegs regelmäßig zu Minusvarianten, d. h. zum funktionsgestörten Gehirn führen müssen. Es ist vielmehr davon auszugehen, daß die grundsätzliche Variabilität der Gehirnstruktur auch unterschiedliche Verarbeitungs- und Informationsmuster bei jedem Individuum voraussetzt.

In der Computersprache ausgedrückt würde das bedeuten, daß jeder menschliche Gehirn-Computer sein individuelles Programm benötigt, um zur optimalen Funktionstüchtigkeit zu gelangen. Dieses Programm wird aber im wesentlichen durch den Einfluß der das Kind umgebenden Umwelt, d.h. also von den das Kind begleitenden Erwachsenen und von den durch diese gesetzten Lebensbedingungen bestimmt.

Es entspricht auch der Erfahrung, daß Teilleistungsstörungen offenbar nicht mit zunehmendem Alter verschwinden, sondern daß sie durch entsprechende Übung und Umgehungsstrategien ausgeglichen und kompensiert werden.

Man wird dem menschlichen Gehirn und seinen Funktionen nicht nur eine große Variabilität, sondern auch eine große Ausgleichs- und Kompensationsfähigkeit zuerkennen müssen.

Es wird aber auch deutlich, daß aus der Verbindung von organisch begründeten Teilleistungsstörungen auf der einen Seite und widersprüchlichen Informationen aus der Umwelt, vor allem solchen emotionaler Art, auf der anderen Seite es in besonderem Maße zu einer Störung des gemeinsamen Realitätsaufbaus kommen kann.

Die negative Potenzierung von leichtgradiger frühkindlicher Hirnschädigung mit ihren negativen Auswirkungen auf der einen Seite und ungünstigen Umweltbedingungen auf der anderen Seite, wird deutlich aus einer großen Statistik verhaltensgestörter Kinder und Jugendlicher. Die gemeinsame Gegebenheit negativer Umweltbedingungen und frühkindlicher Hirnschädigung führt offensichtlich gehäuft zu solchen Verhaltensstörungen.

Hieraus ergibt sich aber auch, daß eine negative Potenzierung keineswegs ein Spezifikum für die Schizophreniegenese darstellt. Es handelt sich vielmehr für jedes Kind um eine unspezifische Anpassungsbehinderung an die Gegebenheiten der Umwelt. Diese Anpassungsbehinderung kann sich dann psychopathologisch in sehr unterschiedlicher Weise ausdrücken:

Sie kann hinreichend kompensiert bleiben, sie kann zu dissozialen Verhaltensweisen führen, sie kann Anlaß geben zur Entwicklung einer Neurose, aber eben auch unter bestimmten noch zu besprechenden Bedingungen zu einer Schizophrenie.

Bei Berücksichtigung der Bedeutung der gegenseitigen Gewichtung von Haupt- und Nebenrealität während der Entwicklung des Kindes, ist es auch verständlich, warum es typische schizophrene Psychosen nicht im Vorschulalter, ja nur ganz selten im Grundschulalter geben kann. Nach eigener Erfahrung waren die jüngsten Psychosen mit einer einigermaßen charakteristischen Schizophrenie-Symptomatik etwa 8 oder 9 Jahre alt. Hier standen eine schwere Kontaktstörung, aber auch ein rascher Sprachzerfall und ein schwerer Angstaffekt symptomatisch im Vordergrund. Erst vom 10. Lebensjahr ab steigert sich langsam epidemiologisch die Häufigkeit einer schizophrenen Erkrankung bis zur Pubertät.

Vor dem Grundschulalter, also etwa vor dem 6. oder 7. Lebensjahr, wird von einem Kind gar kein stabiler Umweltbezug erwartet. Eine Wahnsymptomatik im Vorschulalter würde nicht als Wahn aufgefaßt, sondern eben nur als kindliche Phantasie.

Es kann in diesem Zusammenhang auf Goethes Gedicht von dem Kind und der Glocke verwiesen werden. Das Kind, das am Sonntag sich weigert, zur Kirche zu gehen, fühlt sich plötzlich von der Kirchenglocke verfolgt, es rennt weg und hat ständig die Angst, die das Kind verfolgende Glocke «werde es decken». Es handelt sich hier um einen typischen Wahn, der aber nicht als solcher verstanden wird, sondern es ist die Interpretation einer denkbaren kindlichen Phantasie, die hier zu einem moralischen Lehrgedicht verwandt wurde.

Erst mit der hinreichenden Stabilität der Beziehung zu einer Hauptrealität und mit der Abwertung und Unterdrückung der Nebenrealität kann sich ein Überstiegsverlust auswirken und eine schizophrene Symptomatik hervorrufen.

Es ist im übrigen auch noch ein anderer Weg zur Schizophrenie denkbar. Anstelle eines Verlustes der Überstiegsfähigkeit könnte es – und dafür gibt es mannigfache Beispiele – zu einem Verzicht auf den Überstieg kommen. Wenn ein neurotischer Mensch sich in seiner Neurose ständig von der für ihn kaum erträglichen gemeinsamen Realität zurückzieht und immer intensiver in seiner Nebenrealität lebt, dann könnte der Augenblick kommen, wo er diese gemeinsame Realität einfach nicht mehr aushalten kann und er darauf verzichtet oder auch mit der Zeit «verlernt», zu dieser gemeinsamen Realität zurückzukehren. Die Voraussetzung wäre nicht so sehr eine Teilleistungsstörung oder eine widersprüchliche Information, oder beides, sondern die vorangegangene Entwicklung einer schweren Neurose.

Der gestörte Aufbau des gemeinsamen Realitätsbezugs als Schizophreniegenese

Die im einzelnen besprochenen Einwirkungen, welche zum Aufbau eines normalen gemeinsamen Realitätsbezugs im frühen Kindesalter, genauer etwa in den ersten sechs Lebensjahren, führen, vermögen jede für sich, vor allem aber gemeinsam eine erhöhte psychische Vulnerabilität hervorzurufen, wie sie beispielsweise im Vulnerabilitäts-Streß-Modell von Nuechterlein und Dawson als eine Grundlage der Schizophreniegenese dargestellt wurde. Mit der Feststellung einer besonderen Vulnerabilität ist aber im Grunde genommen nicht sehr viel gesagt, es wird vielmehr nur der unbekannte Faktor, auf dessen Suche man sich in der Frage der Schizophreniegenese seit Jahrzehnten befindet, um einen weiteren allgemeinen und wenig definierten Begriff erweitert.

Das Wesentliche eines entwicklungspsychologisch fundierten Modells ist jedoch, daß hier ganz konkrete und im Einzelfall nachzuweisende Faktoren namhaft gemacht werden können, deren Bedeutung für die Schizophreniegenese zumindest statistisch nachgewiesen ist (s. Abb. 2).

Schizophreniegenese

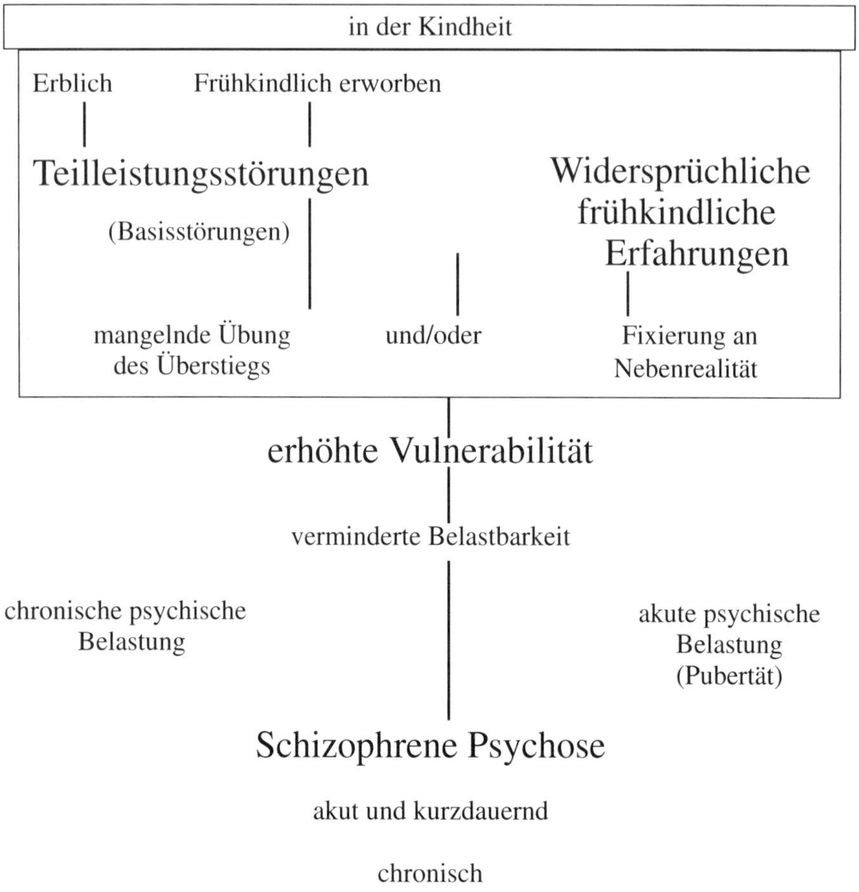

Abbildung 2

Da jedoch diese hier als bedeutsam herausgestellten Einwirkungen auf die psychische Entwicklung in den ersten Lebensjahren auch häufige Ereignisse darstellen und für sich allein die Schizophreniegenese nicht begründen können und ihnen auch keine Spezifität für diese Wirkung zugemessen werden kann, bleibt die Frage bestehen, was denn dann letztlich eine Schizophrenie auslösen kann, die ja im großen Ganzen erst im Pubertätsalter in einer zunehmenden Häufigkeit in Erscheinung tritt. Vorpubertäre Schizophrenieformen sind außerordentlich selten und sollen hier – zunächst einmal – unberücksichtigt bleiben.

Man wird also mit einer gewissen Wahrscheinlichkeit davon ausgehen können, daß in der Pubertät und in der Zeit danach eine besondere Lebenssituation gegeben ist, welche ebenfalls bei der Schizophreniegenese eine Rolle zu spielen scheint. Nach Bleuler (1972) kommen zwar nur etwa 13% aller männlichen Probanden zwischen dem 15. und 19. Lebensjahr zur Aufnahme und nur 3% der weiblichen Probanden. Unter allen von Bleuler in dieser Untersuchung verfolgten Probanden sind es 12%, die vor dem 19. Lebensjahr erkranken, wogegen der Erkrankungsgipfel im 3. Lebensjahrzehnt bei 37% liegt und auch im 4. Lebensjahrzehnt noch 28% erkranken. Dennoch sollte man im Auge behalten, daß Bleuler die Zählung erst mit dem 15. Lebensjahr beginnt, d.h. daß er im früheren Alter gar nicht mit dem Auftreten einer Schizophrenie rechnet. Das kann nicht nur damit begründet sein, daß die Untersuchung an einer Klinik der Erwachsenenpsychiatrie vorgenommen wurde, denn auch in kinderpsychiatrischen Kliniken nehmen die schizophrenen Erkrankungen in ihrer Häufigkeit nur einen geringen Stellenwert ein. Also muß mit dem Erwachsenwerden eines Menschen ein Faktor entstehen, der zur Entstehung einer Schizophrenie beiträgt.

Warum es vor dem 6. Lebensjahr, d.h. vor dem Grundschulalter keine neu auftretenden Erkrankungen gibt, die der Schizophrenie zugerechnet werden können, ist bereits hinreichend dadurch geklärt, daß der gemeinsame Realitätsbezug erst dann wieder in Verlust geraten kann – und diesen Verlust bezeichnen wir eben als Schizophrenie –, wenn er hinreichend stabil aufgebaut worden ist, und das ist eben vor dem Schulalter noch nicht der Fall. Wie bereits gesagt, wird dies besonders am Wahn deutlich, den wir im Kindesalter noch als normale altersentsprechende Denkform anerkennen.

Der Beginn der Erkrankung mit der Pubertät könnte natürlich auch eine hormonelle Ursache nahelegen im Zusammenhang mit den in diesem Lebensabschnitt offenkundigen Veränderungen im Haushalt der Sexualhormone. Dagegen spricht aber der Umstand, daß auch in den darauffolgenden Lebensjahrzehnten, unabhängig von der hormonellen Situation, Schizophrenien erstmalig auftreten können. Es liegt wesentlich näher, zunächst einmal die psychische und psychosoziale Bedeutung der Reifeentwicklung als möglichen Faktor anzusehen. Der Jugendpsychiater, der sich mit jugendlichen Schizophrenen befaßt, ist erstaunt, wie häufig er psychosexuelle, aber auch ganz allgemein psychosoziale Probleme im Zentrum der psychotischen Problematik feststellen kann. Man kann sagen, daß die Reifungsproblematik nicht nur bei dem Betroffenen, sondern stets auch in seiner Familie ein besonderes Problem darstellt.

Wenn man diese Beobachtung verallgemeinert, wird man feststellen, daß auch im späteren Leben psychische und psychosoziale Probleme mannigfaltiger Art auftreten können. Sie bilden den typischen Streß, der im Vulnerabilitäts-Streß-Modell als ursächlicher Faktor manifest wird.

Gehen wir also davon aus, daß eine psychisch und psychosozial belastende Situation, deren Bewältigung dem Betreffenden nicht ohne weiteres möglich ist, eine Schwellensituation schafft, an welcher es zur Entwicklung schizophrener Symptomatik kommen kann, dann wird man sich zunächst auch wieder vergegenwärtigen müssen, daß solche Schwellensituationen weit verbreitet sind, und keineswegs in jedem Falle, nicht einmal in der Mehrzahl der Fälle, es zur Entwicklung schizophrener Symptomatik kommt. Der Mensch, der vor einer nicht bewältigten psychischen und psychosozialen Situation steht, reagiert üblicherweise mit einer neurotischen Symptomatik, d.h. er entwickelt Symptome, mit denen er seine Angst zu bewältigen versucht und mit denen er aus der konfliktträchtigen Situation hinausgelangen kann. Die in einer solchen Situation übliche neurotische Reaktion ist diejenige der Regression, d.h. der Mensch, der vor einem Hindernis, das er nicht glaubt bewältigen zu können, scheut, kehrt zunächst einmal zum Ausgangspunkt zurück, das heißt in eine frühere Phase seines Lebens, in der sich dieses Problem noch nicht gestellt hat. Er tut dies möglicherweise, um einen neuen Anlauf zur Überwindung der Hürde zu nehmen, wahrscheinlicher aber, um das Problem zunächst einmal auf Distanz zu bringen. Daß dies kein individuelles Problem ist, sondern jeweils ein Problem auch der Gemeinschaft, in der das betreffende Individuum lebt, bei Jugendlichen also besonders seine Familie, ist offenkundig. Es ist gerade die Ambivalenz, die daraus entsteht, daß das betreffende Individuum – mit seinen Angehörigen – einerseits versucht, die Hürde zu bewältigen und den Reifungsprozeß weiterzuführen und zu vollenden, andererseits aber aus Angst vor dem Scheitern an dieser Aufgabe sich diesem Versuch entzieht, wobei wiederum seine Umgebung mit zwiespältigen Erwartungen, Forderungen und Ratschlägen diese Ambivalenz verstärkt.

Die psychische Reifung sah übrigens auch W. Kretschmer als einen wesentlichen Grund für das Entstehen einer Psychose an.

Eine Regression bedeutet aber die Rückkehr auf ein niedrigeres, affektlogisches Niveau im Sinne von Ciompi. Die Regression ist in der Regel eine Flucht in eine Nebenrealität, die vor allem die emotionale Ebene der früheren Kindheit wieder reaktiviert. Diese Regression ist so lange noch keine Schizophrenie, solange der Überstieg von dieser Nebenrealität zur gemeinsamen Hauptrealität noch möglich ist, wenn je nach den äußeren Bedürfnissen und Anforderungen die Rückkehr zur gemeinsamen Realität noch uneingeschränkt möglich ist und diese Möglichkeit angepaßt wahrgenommen wird.

Es ist nun eine naheliegende Hypothese, anzunehmen, daß diejenigen Menschen, die im Aufbau ihres gemeinsamen Realitätsbezugs gestört und verunsichert wurden, Gefahr laufen, in der Situation der Regression die Fähigkeit, souverän über ihre Überstiegsfähigkeit zu verfügen, verlieren können. Dies um so mehr, als der «Rückstieg» von der Nebenrealität in eine gefürchtete und abgewehrte, ja unter Umständen verdrängte Hauptrealität eine psychische Zumutung, eine Anstrengung, eine Art Zwang bedeutet, dem sich der Betreffende unterwirft.

Es wäre zu vermuten, was allerdings wissenschaftlich in keiner Weise nachgeprüft ist – schon weil es schwierig ist, so etwas wissenschaftlich zu untersuchen –, daß Kinder, die in ihrem Aufbau eines gemeinsamen Realitätsbezugs behindert und gestört werden, weniger Möglichkeiten haben, gewissermaßen spielerisch den Überstieg von Nebenrealität zur Hauptrealität und wieder zurück zu üben. Sie neigen wohl eher dazu, sich an der mühselig gewonnenen

Hauptrealität festzuhalten, um die für sie ja lebensnotwendige Beziehung zu ihrer Umwelt aufrechtzuerhalten und zu festigen. Sie verzichten damit eher auf das Leben in der ihnen eigenen Nebenrealität. Die mangelhafte Übung des Überstiegs – so könnte man vermuten – gefährdet die in ihrem Realitätsaufbau gestörten und beeinträchtigten Kinder. Sie aber sind durch diese mangelnde Souveränität im Wechsel von einer Realitätsebene in die andere geschädigt, vulnerabel und laufen damit Gefahr, in dieser dynamisch sehr starken und durch den Druck der äußeren psychosozialen Verhältnisse erzwungenen Regression diese Fähigkeit gänzlich zu verlieren, d.h. sie bleiben in allen für sie wesentlichen Denk- und Erlebnisweisen in ihrer Nebenrealität hängen und finden nicht mehr zur gemeinsamen Realität zurück.

Dieses hier zunächst nur ganz grob gezeichnete Denkmodell einer schizophrenen Entgleisung im Zusammenhang mit einer Regression als Problembewältigungsversuch hat in der Gestalt der sich daraus entwickelten Schizophrenie zweifellos viele Varianten und unterschiedliche Möglichkeiten.

So kann der unter dem Druck der psychischen Belastung in die Nebenrealität hinauskatapultierte Mensch sich plötzlich in der für ihn verzweifelten Situation der psychischen Trennung von allen ihn bisher begleitenden Bezugspersonen befinden, was zu schweren affektiven Reaktionen und damit auch zu einer emotionalen schizophrenen Symptomatik wie Katatonie und Panik führen kann.

Es gibt aber wohl auch andere Wege zur Schizophrenie. Ohne den unmittelbaren, nicht aushaltbaren Druck der Lebenssituation kann die Flucht in die Nebenrealität mehr einer angenehmeren, weniger problematischen und einfach als schön erlebten Alternative entsprechen, die immer mehr und immer länger aufgesucht wird, so daß schließlich die Rückkehr in die Hauptrealität gewissermaßen «vergessen» wird. In solchen Fällen kommt es dann nicht zu dieser dramatischen affektiven Reaktion, sondern eher zu einer unproduktiven Symptomatik, wie wir sie in der Schizophrenia simplex kennen. Klosterkötter sieht in der Schizophrenia simplex im übrigen den Charakter eines defektologischen Schizophreniemodells und sieht sie eher als Grundsyndrom, von dem aus es zu den übrigen schizophrenen Formen der Katatonie, des Paranoiden und der Hebephrenie kommen kann. Er sieht darin eine Verselbständigung des kognitiv-affektiven Grundsyndroms. Dies läßt sich mit unserer Vorstellung durchaus verbinden, nachdem der Rückzug in die Nebenrealität von außen her als Defekt empfunden werden muß. Aber auch diese Form der Schizophrenie kann eine Regression in frühkindliche Denk- und Erlebnisebenen bedeuten.

Die genauere Kenntnis des Autismus infantum (auf den noch näher eingegangen wird) macht auch das Verständnis zum Umgang mit unterschiedlichen Schizophrenieformen leichter, weil die Auseinandersetzung zwischen Nebenrealität und gemeinsamer Realität hier in der besonderen Form beobachtet werden kann, in der diese Beziehungsstörung von der frühesten Kindheit an ausgetragen wird und nicht erst dadurch, daß es zu einem späteren Zeitpunkt zu einem Einbruch durch den Verlust der Überstiegsfähigkeit kommt.

Man kann das Unverständliche, Fremde oder gar Bedrohliche des schizophrenen Denkens und der Äußerungen, die in der schizophrenen Symptomatik manifest werden, sich auch mit einem groben Vergleich aus der Computertechnik deutlich machen. Das Kind beginnt sein Computergehirn zunächst mit einem relativ einfachen Programm zu fahren und füllt dieses Computergehirn von Jahr zu Jahr mit mehr Software auf, entsprechend seinen Erfahrungen, die es mit sich und der Umwelt macht. Mit zunehmendem Alter wird auch das Programm, mit dem der Gehirncomputer gefahren wird, immer komplizierter und vielfältiger. In der nicht-schizophrenen, neurotischen Regression wird der Computer mit einem einfachen, der Kindheit noch entsprechenden Programm gefahren, wobei die Probleme, die dadurch entstehen, daß die Software sich inzwischen angereichert hat, ausgeblendet werden können, weil Inkompatibilitäten mit der gemeinsamen Realität gar nicht entstehen. Das Programm und das, was der Computer daraus macht, gilt nur für den Betreffenden und ist keinem Vergleich mit den Ergebnissen aus der gemeinsamen Realität, d.h. aus dem allgemeingültigen Computerprogramm ausgesetzt. Kommt es dagegen aber zum Verlust des Überstiegs, dann ist das, was der Gehirncomputer jetzt produziert, durch das primitive Programm der Kindheit bestimmt, mit dem er nun alle seit der Kindheit inzwischen angehäufte Software mitverarbeitet. Das heißt, das Programm, nach dem der Computer gefahren wird, und die Menge und Differenziertheit der gespeicherten Software lassen sich nicht mehr mit dem allgemein kompatiblen Programm der anderen Computer der übrigen Menschen in Einklang bringen. Diese vielmehr empfinden das, was der betroffene Computer nun ausspeit, als völlig unverständlich, indiskutabel und «verrückt». Tatsächlich ist aber nur das Programm «verrückt geworden». Eine entsprechende Parallele findet sich hier in den Untersuchungen von Frau Koukkou-Lehmann, welche ebenfalls aufgrund elektrophysiologischer Untersuchungen zu der Hypothese fanden, daß unterschiedliche Bewußtseinszustände, wie auch unterschiedliche psychische Entwicklungszustände, also etwa in der Kindheit, unterschiedliche Erinnerungsgehalte ekphorierbar machten. Sie unterschied zwischen dem Arbeitsgedächtnis einerseits und dem Gedächtnis, das aufgrund einer früheren einfacheren Hirnstruktur entstanden ist. Auch elektrophysiologisch lassen sich beim Schizophrenen die dem Alter entsprechenden schnellen Frequenzen nicht mehr mit den gleichzeitigen bestehenden langsamen Frequenzen der Kindheit in Einklang bringen.

Zusammenfassung

Der für das Leben in einer menschlichen Gemeinschaft und für eine ungestörte Kontaktfähigkeit unabdingbare gemeinsame Realitätsbezug wird von jedem Kind im Laufe seiner ersten Lebensjahre aus den kognitiven und emotionalen Erfahrungen, die es von der Umwelt erfährt, aufnimmt und verarbeitet, aufgebaut. Daneben behält es eine Nebenrealität, eine ganz individuelle Beziehung zu seiner Umwelt, die es mit niemandem anderen teilen kann, die es aber entsprechend den eigenen Wünschen und Bedürfnissen unabhängig von der das Kind umgebenden Wirklichkeit verändern kann. Allmählich gewinnt die gemeinsame Realität eine Dominanz. Nur sie wird von den anderen Menschen anerkannt.

Der Aufbau dieser gemeinsamen Realität kann im wesentlichen durch zwei Faktoren gestört oder behindert werden: Durch eine Störung, Behinderung oder Schwäche in der kognitiven Erfassung der Umwelt, d.h. durch sogenannte Teilleistungsstörungen oder Teilleistungsschwächen. Diese kann erblich sein, sie kann aber auch durch frühkindliche hirnorganische Schäden leichterer Art entstehen. Es kommt dadurch zu einer geringfügigen, aber konsequenten Veränderung der subjektiven Erlebnisweise der Umwelt. Jede kognitive Erfahrung verbindet sich aber auch mit einer emotionalen, wodurch auch kognitive Schwächen zu einer emotionalen Beziehungsstörung beitragen können, vor allem, weil hier ein dynamisches Wechselspiel zwischen Individuum und Umwelt stattfindet.

Der Aufbau des gemeinsamen Realitätsbezugs kann aber auch dadurch beeinträchtigt sein, daß die Informationen, die das Kind von der Umwelt erfährt, in sich widersprüchlich und inkompatibel sind. Dies gilt insbesondere für Werthaltungen. Überschreiten diese Inkompatibilitäten einen gewissen Grad, dann kann vom Kind kein stabiler Umweltbezug aufgebaut werden.

Eine Verbindung von Teilleistungsstörungen mit widersprechenden Erfahrungsinformationen verstärken die Störung im Aufbau der gemeinsamen Realität.

Kinder, die auf diese Weise in ihrer Gemeinschaftsfähigkeit und in ihrem Kontaktvermögen beeinträchtigt sind, sind in der Fähigkeit, souverän von der gemeinsamen Realität zur Nebenrealität und wieder zurück überzusteigen, behindert und verunsichert. Es ist anzunehmen, daß solche Kinder in ihren ersten Lebensjahren den Überstieg nicht in der Weise einüben und einüben können, daß sie jederzeit und in jeder Situation darüber verfügen können.

Menschen, die im Laufe ihres Lebens, meist beginnend mit der Reifeentwicklung und der Aufgabe, sexuell und sozial erwachsen zu werden, Schwierigkeiten und Problemen ausgesetzt sind, neigen dazu, sich vor diesen Problemen zurückzuziehen und in ihre Nebenrealität, d. h. auf eine kindliche Stufe zu regredieren. Solange sie in die gemeinsame Realität, der sie im Kreise ihrer Umgebung und entsprechend ihrem Entwicklungsalter verpflichtet sind, gelingt, solange sie den Realitätsbezug nicht verlieren, entspricht diese Regression einer neurotischen Haltung.

Kinder, die aus Gründen eines gestörten Aufbaus des gemeinsamen Realitätsbezugs den Überstieg nicht sicher gelernt haben, können dieser Fähigkeit beim Versuch der Problembewältigung durch Regression verlustig gehen und sie bleiben dann in ihrer Nebenrealität gefangen. Der gemeinsame Realitätsbezug ist verlorengegangen, die Reaktionen, Äußerungen, Verhaltensweisen und

Denkformen werden für die übrige Welt unverständlich, das heißt schizophren.

Dieser Vorgang des Überstiegsverlustes kann akut unter starker Belastung entstehen, er kann aber auch gewissermaßen auf dem Wege der Gewohnheit allmählich verlorengehen.

Die klinische Erfahrung

Das entwicklungspsychologische Modell der Schizophreniegenese im Lichte der klinischen therapeutischen Erfahrung

Die Therapie der Schizophrenie, wie sie üblicherweise praktiziert wird, konnte sich bisher noch in keinem Falle auf eine beweisbare Ursache und Wirkung stützen, kann also nicht den Anspruch erheben, eine ursächliche Therapie zu sein. Alle therapeutischen Erfolge sind das Resultat mehr oder weniger zufälliger Erfahrungen. Das gilt auch für die Behandlung mit Psychopharmaka, die ja heute durchaus als eine bewährte Therapie angesehen werden kann und ohne die eine Therapie der schizophrenen Psychose im Augenblick nicht mehr zu denken ist. Man kennt zwar ihre Wirkungen auf die Neurotransmitter und weiß, wo ihre Wirkung ansetzt. Gleichwohl ist es eine Therapie, die am letzten Erfolgsorgan, der Funktion der Hirnnervenzelle ansetzt, ohne daß sich damit ihre positive Wirkung auf den Verlauf des Geschehens im Rahmen einer schizophrenen Psychose wirklich begründen läßt.

Betrachten wir die bisher wesentlichen Therapieformen, die bei der Behandlung der Schizophrenie Anwendung fanden und finden, so sind dies

1. die Schocktherapie, ursprünglich mit Cardiazol, später mit Insulin- und Elektroschock.
2. Die Psychopharmakotherapie.
3. Die Psychotherapie.

Wie ist die unbestreitbare therapeutische Wirkung dieser drei Therapieformen unter Zugrundelegung des entwicklungspsychologischen Schizophreniemodells, wie wir es hier vorgelegt haben, zu interpretieren?

1. Die bis zur Einführung der Schocktherapie praktizierten Behandlungsmethoden brauchen hier im einzelnen nicht erörtert werden, denn durchgreifende und hinreichend reproduzierbare Therapieerfolge konnten dabei nicht nachgewiesen werden. In vieler Hinsicht haben sie auch eine gewisse Verwandtschaft mit den späteren Schocktherapien, etwa bei den heute wie eine Form der Folterung imponierenden Behandlungsweisen, mit Drehstuhl, kalten Güssen und ähnlichem.

Auch die Elektrokrampftherapie, solange sie noch ohne Narkose und Muskelrelaxantien durchgeführt wurde, war eine brutale Behandlungsform, die einer Körperverletzung nicht ferne stand, auch wenn sie in bester Absicht und auch zweifellos mit immer wieder zu beobachtenden eindrucksvollen, wenngleich meist passageren Erfolgen und Besserungen des Zustandes verbunden war. Die Angst der Patienten vor dieser Behandlung war trotz der durch sie hervorgerufenen retrograden Amnesie oft sehr groß.

Erst mit der Einführung der Muskelrelaxantien und der Narkose wirkte der Eingriff durch den Elektrokrampf weniger brutal, und die vorher zum Teil unvermeidlichen Knochenverletzungen, insbesondere die Wirbelbrüche konnten vermieden werden.

Zweifellos war immer wieder eine Besserung des schizophrenen Zustandsbildes zu erkennen und zwar meist unmittelbar nach dem Schock, d. h. zu dem Zeitpunkt, zu welchem der Patient aus der Narkose bzw. der schockbedingten Bewußtlosigkeit erwachte.

Man kann die sonst nicht zu begründende therapeutische Wirkung dahin interpretieren, daß durch den Elektrokrampf und die dadurch bedingte Unterbrechung der Erlebnis- und Erinnerungskontinuität der Patient mehr oder weniger zufällig aus der Bewußtlosigkeit wieder in der verlorenen gemeinsamen Realität zu sich kommt. Im Zustand der Bewußtlosigkeit ist möglicherweise der Überstieg erfolgt von der psychotischen und dominierenden Nebenrealität in die «normale» gemeinsame Realität.

Allein das Erlebnis des Patienten, aus seiner wegen der Isolierung von der Umwelt bedrohlichen und beängstigenden Nebenrealität herausgelangt zu sein, reichte unter Umständen aus, wieder in der gemeinsamen Realität Fuß zu fassen und sich in ihr zu stabilisieren. Damit war die schizophrene Psychose beendet, wenn es nicht, wie häufig, nach einiger Zeit wieder zu einem Zurückkippen oder Hinübergleiten in die psychotische Realität gekommen ist. Die Umweltbeziehung des Patienten wurde oft nach erfolgreicher Schockbehandlung wieder in die Nebenrealität «verrückt».

Ähnliches kann man sich auch für die wiederholten Insulinschockbehandlungen vorstellen, die ja ebenfalls mit einer Bewußtlosigkeit und damit einer Kontinuitätsunterbrechung des Erlebens verbunden waren. Die Bewußtlosigkeit bewirkt tatsächlich im Gegensatz zum Traum eine Unterbrechung der Erlebniskontinuität, wogegen auch in der veränderten Bewußtseinslage des Traums die Kontinuität der Identität aufrechterhalten bleibt.

Während die Krampftherapie in letzter Zeit wieder erneut für die Therapie der Depression diskutiert wird, hat sie offenbar in der Schizophrenietherapie ihre Bedeutung verloren, wenn man von den sehr seltenen Fällen einer sogenannten perniziösen Katatonie absieht. Dabei muß offenbleiben, ob es sich bei der perniziösen Katatonie wirklich um eine Form der Schizophrenie handelt. Jedenfalls ist dieses Krankheitsbild in seiner nosologischen Stellung noch keineswegs aufgeklärt.

2. Der gemeinsame Nenner der Psychopharmakotherapie, insbesondere der bei der Schizophrenie angewandten Neuroleptikatherapie ist die Beruhigung

und Dämpfung aller Erlebnisqualitäten, insbesondere eine Dämpfung aller Affekte, vor allem aber der negativen, der schweren Angst.

Wenn wir vom entwicklungspsychologischen Schizophreniemodell ausgehen, dann erscheint es naheliegend, diese Affektdämpfung als das eigentlich Wirksame anzusehen. Unter dem Streß extremer Angst, die wir als eine qualitativ durchaus normale Reaktion auf das Selbsterleben der durch die Psychose bedingten Beziehungsstörung des betroffenen Individuums zu seiner Umwelt ansehen, die allenfalls quantitativ übersteigert ist, deswegen aber keineswegs ein primär psychotisches Symptom darstellt, wird dem Patienten die Möglichkeit genommen, sich überhaupt um einen Überstieg zu bemühen, sich der ihn umgebenden gemeinsamen Realität, an der er im Augenblick nicht teilhaben kann, überhaupt zuzuwenden und sich mit ihr auseinanderzusetzen.

Es ist bekannt, daß auch eine Psychotherapie schizophrener Patienten erst möglich ist, wenn eine Beziehung zwischen dem Patienten und dem Therapeuten überhaupt herstellbar ist. Starke Affekte verhindern aber jegliche Beziehung und mauern den Patienten in seiner psychotischen Welt völlig ein. Die Affektdämpfung durch die Psychopharmaka ermöglicht es dem Patienten, sich auf die gemeinsame Realität seiner Umgebung einzulassen, sich mit ihr auseinanderzusetzen und allmählich wieder den Überstieg zu ihr möglich zu machen.

Dies würde bedeuten, daß die neuroleptische Therapie ebenfalls keine kausale Therapie darstellt, sondern ein Hilfsmittel ist, um aus der Fixierung an die pathologische Nebenrealität herauszufinden. Der Weg aus der pathologischen Realität geschieht aber im wesentlichen durch Milieutherapie, d. h. durch das Angebot einer akzeptablen gemeinsamen Realität und durch eine gezielte Psychotherapie.

Auch die längerfristige neuroleptische Behandlung im Anschluß an die akute psychotische Phase zur Stabilisierung des Heilerfolgs und zur Vermeidung von Rückfällen kann so interpretiert werden, daß hierdurch stärkere affektive Schwankungen vermieden werden, welche ihrerseits die noch labile und unsichere Fixierung auf die gemeinsame Realität gefährden könnten.

3. Die Psychotherapie der Psychosen schließlich bedeutet den Aufbau einer dualen Beziehung zwischen dem schizophrenen Patienten und dem Therapeuten. Diese duale Beziehung ist ähnlich einer frühen Eltern-Kind-Beziehung. Sie muß beim Patienten ein Vertrauen in den Therapeuten und in die von ihm angebotene und vorgelebte gemeinsame Realität entstehen lassen. Dieser Prozeß benötigt wie jede auf eine zwischenmenschliche Beziehung aufbauende Psychotherapie einen längeren Zeitraum und eine intensive und kontinuierliche Begleitung des Patienten durch den Therapeuten.

Es wird unter dieser Betrachtung deutlich, wie sich Psychotherapie und Psychopharmakotherapie ergänzen müssen, und daß keineswegs jede schizophrene Psychose unabdingbar auch einer psychopharmakotherapeutischen Behandlung bedarf.

Therapeutische Konsequenzen

Diese Interpretation therapeutischer Erfolge durch die bisher üblichen Therapieformen, die bei einer schizophrenen Psychose eingesetzt werden, lassen folgende therapeutische Konsequenzen deutlich werden:

Für die verschiedenen Formen der Schockbehandlung können, von der perniziösen Katatonie abgesehen, die schizophrenen Psychosen keine vertretbare Indikation mehr abgeben. Der Erfolg ist zu sehr vom Zufall abhängig und steht in keinem Verhältnis zu den negativen Nebenwirkungen, die eine Schockbehandlung haben muß.

Nicht jede schizophrene Psychose bedarf, wie bereits ausgeführt wurde, unabdingbar und automatisch einer psychopharmakotherapeutischen Behandlung. Die Indikation für die Anwendung von Psychopharmaka hängt davon ab, ob auch ohne Psychopharmaka ein emotional tragfähiger Bezug zwischen dem Patienten und dem Therapeuten sich entwickeln kann oder nicht. Wenn dies nicht oder in nicht genügender Weise möglich ist, oder wenn die psychotherapeutische Betreuung nicht intensiv und kontinuierlich genug aufrecht zu erhalten ist, dann ist als zusätzliches Hilfsmittel eine psychopharmakologische Therapie angezeigt und notwendig. Sie kann zweifellos auch zu einer gewissen psychischen Stabilisierung dadurch beitragen, daß sie allzu große und die Fixierung auf die gemeinsame Realität in Frage stellende Affekte beim Patienten zu verhindern vermag.

Eine andere Indikation für eine psychopharmakologische Behandlung kann auch bei erhaltener Zuwendungsfähigkeit dann gegeben sein, wenn der Patient subjektiv so sehr unter seinen psychotischen und affektiven Symptomen leidet, daß er Hilfe und Entlastung sucht und ihm diese nicht länger vorenthalten werden kann, beispielsweise, wenn er nachts nicht mehr zur Ruhe kommt.

Eine psychopharmakologische Therapie ohne begleitende Psychotherapie ist dagegen als unvollständig abzulehnen. Natürlich kann im Einzelfall ein Patient unter dem psychopharmakologischen Schirm unter Umständen auch in der Lage sein, allein den Weg zu einer gemeinsamen Realität zurückzufinden, auch ohne begleitende psychotherapeutische Behandlung.

Die psychotherapeutische Behandlung und Begleitung muß nicht unbedingt auf der psychoanalytischen Theorie aufbauen. Diese hat sich aber als Zugangsweg und Interpretationmöglichkeit des psychotischen Erlebens sehr bewährt. Es hat ja lange gedauert, bis die Psychoanalyse den Mut hatte, sich therapeutisch mit Schizophrenen einzulassen. Daß dies auf Grund der Erfahrung mit jugendlichen Psychosen gut möglich ist, hat Becker gezeigt. Es geht hier allein um eine emotional tragfähige Beziehung zwischen Patient und Therapeuten. Der Therapeut muß für den Patienten gewissermaßen als Repräsentant für eine akzeptable gemeinsame Realität stehen und es dem Patienten ermöglichen, sich auf diese gemeinsame Realität einzulassen.

Dazu muß der Therapeut sich bemühen, die zunächst unzugänglich erscheinende Welt, die Nebenrealität des Schizophrenen, sich aufzuschließen und sie, wenn auch nicht ganz zu verstehen und zu durchdringen, so doch ihr näher zu kommen und in seinem Verständnis zu interpretieren. Diesen Prozeß hat Bodenheimer (1990) exemplarisch deutlich gemacht. Wie dabei der Patient durch die Psychose hindurch begleitet werden muß, schilderte er schon in seiner Arbeit über die drei Phasen der schizophrenen Psychose (1978).

Damit übrigens die Interpretationsversuche des Therapeuten nicht in seinen eigenen psychischen Verstrickungen hängenbleiben, ist bei allen schwierigeren Psychotherapien, jedenfalls bei jeder Psychotherapie einer Psychose unabdingbar eine Supervision nötig, zumindest das Gespräch mit anderen Kompetenten, damit der eigene Blickausschnitt durch den anderer ergänzt und erweitert werden kann. Das ist auch der Vorteil stationärer Psychosentherapie. Hier erleben andere den Patienten, aber auch den Therapeuten im Umgang miteinander.

Verstehende Psychotherapie bedeutet aber gleichzeitig auch immer, die wesentlichen Probleme aufzuklären, welche den Patienten zur Regression gezwungen haben. Dabei handelt es sich wohl meistens um puberale oder postpuberale Reifungsprobleme und Probleme einer psychosozialen Selbständigkeit, die vorher nicht allein errungen werden konnte.

Die Psychotherapie muß daher auch immer eine Milieutherapie miteinschließen und die wichtigen Beziehungen, in denen der Patient zu seiner Umwelt stand und noch steht, auf ihre Problematik und ihre Gefahr für den Patienten überprüfen. Ganz besonders handelt es sich hierbei um gestörte Beziehungen zu den Eltern, welche die Reifung des Patienten und seine Ablösung verhindert haben oder zumindest gestört haben. Die Einbeziehung der Eltern bzw. der sonstigen nahen Bezugspersonen muß also ein Teil der Psychotherapie bzw. der Milieutherapie sein.

Während der stationären Behandlung ist es erforderlich, auch das Pflegepersonal in den therapeutischen Prozeß miteinzubeziehen, da das Pflegepersonal zeitlich in einem viel größeren Umfang dem Patienten gegenüber die gemeinsame Realität zu repräsentieren hat. Dies kann es aber in einer für den Patienten angemessenen Weise nur tun, wenn es die besonderen Probleme des Patienten kennt und seine Reaktionen im Hinblick darauf zu interpretieren vermag. Eine solche Einbeziehung des Pflegepersonals ist ohne eine entsprechende begleitende Einzel- und Gruppensupervision nicht möglich (Lempp 1990, du Bois, Zimmermann, König, Kleefeld, Koller, Becker). Neben dieser begleitenden Psychotherapie und Milieutherapie unter Einschließung der Eltern kann als nicht-verbale Therapieform, besonders im Anfangsstadium, solange der Patient zu einer verbal getragenen dualen Beziehung noch nicht fähig ist, auch die Körpertherapie in ihren verschiedenen Formen beitragen. Gerade der Körper und sein Empfinden als Voraussetzung zu einer Möglichkeit der Abgrenzung zwischen dem eigenen Ich und dem Nicht-Ich kann in geeigneter Form durch die Körpertherapie für den Patienten erlebbar gemacht werden und zu seiner psychischen Stabilität beitragen. (Schönfelder, F. Lempp, Geißendorfer, Heinzmann).

Auch andere nicht-verbale Therapieformen, wie z. B. das therapeutische Malen, können ein Zugangsweg für einen Patienten zum Aufbau einer dualen Beziehung zum Therapeuten darstellen. (Benedetti und Peciccia, Günter).

Es wird auch deutlich, daß die therapeutische Begleitung sich nicht auf die Zeit einer stationären Therapie beschränken kann, sondern längere Zeit darüber hinaus in einer ambulanten Nachbetreuung fortgeführt werden muß. Während der Konkretisierung seines Bezugs zur gemeinsamen Realität außerhalb der geschützten Atmosphäre der Klinik bedarf der Patient in besonderem Maße der begleitenden Hilfe durch den ihm bekannten Therapeuten. Sie kann nicht nach der Entlassung aus stationärer Behandlung von einer dem Patienten bis dahin fremden Person übernommen werden.

Die Besonderheiten der Therapie der Psychosen bei jugendlichen Schizophrenen, die aber grundsätzlich auch für erwachsene schizophrene Patienten gegeben sind, wurden in «Die Therapie der Psychosen im Kindes- und Jugendalter» aus den Erfahrungen der Abteilung für Kinder- und Jugendpsychiatrie der Universität Tübingen zusammengefaßt (Lempp 1990).

Über den weiteren Verlauf und die Entwicklung der nach diesem Konzept behandelten Jugendlichen haben du Bois u.a. berichtet. Bemerkenswert war, daß alle jugendlichen Patienten entgegen den Entlassungsplänen zumindest vorübergehend wieder ins Elternhaus zurückgekehrt sind. Sie blieben nicht in den Wohngruppen und Rehabilitationseinrichtungen, in die sie zunächst im Rahmen der Nachsorge nach der Klinikentlassung aufgenommen waren. Die Rückkehr ins Elternhaus entsprach aber nicht, soviel konnte bei der Nachuntersuchung festgestellt werden, einem Zurückfallen auf frühere Beziehungsmuster, also gleichsam einem Verharren in der Regression, sondern es war eine Neuaufnahme der Beziehung zu den Eltern auf einer anderen Beziehungsebene. Es handelte sich dabei auch um eine Autonomiebestrebung, und es kam in vielen Fällen dann zu einer als positiv zu wertenden, weitgehend konfliktfreien Lösung vom Elternhaus.

Wesentlich war bei der Erhebung der Katamnesen aber auch die Beurteilung der auf einer tragfähigen Beziehung aufbauenden Therapie durch die Patienten selbst nach der Entlassung. Das alltägliche Stationsgeschehen hatte in der Erinnerung ein großes Gewicht, vor allem die vielseitig angebotenen Aktivitätsmöglichkeiten wurden als ein geregelter inhaltsreicher Tagesablauf erinnert.

Zu den ausgeprägten Regressionszuständen während der Therapie kamen dagegen kaum Berichte, weil sich diese Phasen offenbar im wesentlichen in einem averbalen Niveau abspielen.

Nach du Bois u. a. verkörpert die Station in der Erinnerung eine Art Übergangsobjekt. Das gilt für das niedrigste Ich-strukturelle Niveau. Auf etwas höherer Stufe konnten die Patienten sich an die Bedrohung, die sie in dieser Zeit erlebt haben, erinnern. Sie erinnerten sich aber vor allem auch daran, daß sie diese Bedrohung überlebt und einigermaßen angstfrei eine Differenz zu ihren Eltern erduldet oder sogar zugelassen haben. Sie erlebten, daß sie ohne ihre Eltern lebensfähig waren.

Auf wiederum höherer Ebene erinnerten sie sich, daß sie auf eine Realität zugeführt wurden, an der sie sich bewähren konnten. Auf der Ich-strukturell am höchsten organisierten Ebene kam es dann zu einem echten Krankheitsbewußtsein, mit dem sich die Patienten auseinandersetzen konnten. Diese Auseinandersetzung bildete einen Teil ihrer reifer gewordenen Identität.

Auch wenn die noch nicht abschließend durchgeführten katamnestischen Untersuchungen nicht zeigen können, daß eine Therapie, die auf einer entwicklungspsychologisch fundierten Theorie aufbaut, eine erkennbar schnellere und stabilere Heilung von der Symptomatik einer Schizophrenie bewirken konnte, so zeigen doch die Berichte der Patienten über die von ihnen im Rahmen dieser Therapie erlebte Zeit wenigstens zum Teil, daß sie diese als eine nachgeholte Reifezeit erlebten und als eine solche in ihre lebensgeschichtliche Identität einzugliedern vermochten. Dies bedeutet mehr als die Auseinandersetzung mit einer durchgemachten Krankheit Schizophrenie, die entsprechend der klassischen Psychiatrietheorie einfach eine von außen kommende, den Organismus Mensch betreffende Krankheit bedeutet, die eben überwunden wurde, so wie man irgendeine Infektionskrankheit überwindet, um danach im wesentlichen wieder da lebensgeschichtlich anknüpfen zu können, wo man vor der Krankheit stehengeblieben war. Die Psychose als persönlichkeitsfremder Einbruch ist nach einer Heilung beseitigt, gewissermaßen ungeschehen gemacht. Erst wenn der Patient eine Psychose von der Art einer Schizophrenie als einen psychischen Prozeß im lebensgeschichtlichen Ablauf erkennen kann, der für seine Persönlichkeit, für das «Ich» eine sowohl negative, wie auch positive Bedeutung erhält, vermag er die während dieser Phase erlebte Lebenszeit als zur eigenen Persönlichkeit gehörend zu akzeptieren und in seine Persönlichkeitsstruktur positiv einzubauen. Dies aber erscheint doch eine Voraussetzung für eine weitergehende Überwindung der Störung «Schizophrenie» zu sein, oder im Falle eines Rezidivs zu einer echten Auseinandersetzung mit dieser nötig zu sein. Dagegen läßt eine nur dank entsprechender medizinischer Behandlung überwundene Krankheit die Gefahr einer neuen «Infektion» stets weiterbestehen, was zu einer grundsätzlichen Lebensunsicherheit und Befangenheit gegenüber der Zukunft führen muß. Diese Befangenheit und Unsicherheit könnte am ehesten verhindert oder wenigstens verringert werden, wenn dem Patienten eine aktive Teilnahme und Auseinandersetzung mit «seiner Schizophrenie» ermöglicht wird.

Die denkgesetzlichen Grundlagen einer solchen Betrachtungsweise der Schizophrenie und einer daraus sich ergebenden Therapie wurden von A. R. Bodenheimer (1990) deutlich gemacht. Der Begriff «Schizophrenie» wie auch der des Prozesses entzieht sich beständig der Sache und dem Geschehen, um das wir uns bemühen.

Autismus infantum

Definition

Das Krankheitsbild des Autismus infantum soll hier im Zusammenhang mit einer entwicklungspsychologisch begründeten Theorie der Schizophrenie seine Erörterung finden, nicht weil der Autismus infantum mit dem Krankheitsbild der Schizophrenie identisch wäre, sondern weil mit der entwicklungspsychologischen Schizophrenietheorie auch die Symptome des Autismus infantum und die Art seiner Störung schlüssig erklärt werden können. Ebenso wie beim Syndrom der Schizophrenien wird sich zeigen, daß auch das Syndrom des Autismus infantum in seinen verschiedenen Äußerungsformen kein abgrenzbares Krankheitsbild ist, sondern eine veränderte Lebens- und Entwicklungsform des Menschen darstellt, die auf verschiedene Ursachenkonstellationen begründet sein kann.

Das Krankheitsbild des Autismus infantum wurde erstmals durch Leo Kanner 1943 als «early infantile autism» bezeichnet. Leo Kanner, ein Emigrant von der Bonhoefferschen Klinik in Berlin, faßte das Krankheitsbild in vier Symptome zusammen:

1. Extreme autistische Abkapselung aus der Umwelt,
2. ängstlich-zwanghaftes Bedürfnis nach Gleicherhaltung der Umwelt,
3. Störungen der Intelligenzentwicklung,
4. Störungen der Sprachentwicklung.

Ganz unabhängig von Kanner veröffentlichte der österreichische Pädiater Hans Asperger 1944 einen Aufsatz im Archiv für Psychiatrie und Nervenkrankheiten, in dem er die autistische Psychopathie beschrieb, für die er folgende Symptome fand, die zum Teil von denen des early infantile autism nicht unerheblich abwichen:

1. Eine gute bis überdurchschnittliche Intelligenz,
2. eine weniger hochgradige Beziehungsstörung,
3. frühzeitige Sprachentwicklung, großer Wortschatz und originelle Wortschöpfungen,
4. die Fähigkeit zu abstrahieren und logisch zu denken,

5. oft übermäßige und intensive Sonderinteressen,
6. qualitativ andere Emotionalität und ein disharmonisches Gemüt,
7. Gefahr, durch absonderliches Verhalten, insbesondere durch überschießende Aggressionen und unangemessenes Verhalten in Isolation zu geraten.

Die beiden zunächst scheinbar unterschiedlich beschriebenen Krankheitsbilder, die aber unabhängig voneinander unter dem Begriff des Autismus zusammengefaßt wurden, lassen sich bei näherer Prüfung durchaus parallelisieren. Es zeigte sich im Laufe der Zeit sehr bald, daß Leo Kanner offenbar die schwereren Formen mit einer niedrigen Intelligenz beschrieben hatte, wogegen Asperger die leichteren Formen mit einer normalen oder gar übernormalen Intelligenz als autistische Psychopathie zusammengefaßt hat.

Der Begriff «Autismus» stammt von Eugen Bleuler und wird im allgemeinen als Selbstbezogenheit, als Rückzug auf die eigene Person und als Ausdruck einer Kontaktstörung verwandt. Er gilt, wie wir bereits erwähnt haben, als typisches Symptom der Schizophrenie, in deren Zusammenhang auch von Eugen Bleuler der Autismus als Symptom gestellt wurde. Bleuler meinte mit diesem Begriff aber durchaus den Verlust der Beziehung des Patienten zu seiner Umwelt als Ausdruck eines Egozentrismus, also als Ausdruck einer Unfähigkeit, sich selbst nicht ausschließlich als Mittelpunkt der erlebbaren Umwelt zu betrachten und zu erleben, sondern sich gewissermaßen auch distanziert neben seinen Mitmenschen betrachten zu können. Damit ist aber, wie ebenfalls bereits dargestellt wurde, wiederum eine normale frühkindliche psychische Durchgangsphase beschrieben, die jedes Kind durchläuft, in der es entwicklungsbedingt nicht anders kann, als sich als den subjektiven Mittelpunkt zu erleben und alles, was um es herum geschieht, auf sich zu beziehen.

Es ist bemerkenswert, daß die Differenzierung in einen Autismus vom Kannerschen Typ und einen solchen vom Aspergerschen Typ eigentlich nur in der deutschsprachigen psychiatrischen Literatur Beachtung findet, wogegen in der anglo-amerikanischen Psychiatrie die Unterscheidung lediglich nach dem nachweisbaren Intelligenzgrad getroffen wird. Das erscheint zunächst auch im Hinblick auf eine Krankheitssystematik folgerichtiger zu sein, um so mehr als eine scharfe Abgrenzung zwischen dem Kanner-Autismus und dem Asperger-Autismus nicht möglich ist. Es gibt hier durchaus fließende Übergänge und keine klaren Abgrenzungen. Erst in jüngster Zeit widmet man sich auch in England dem Asperger-Autismus (Tantam).

Die internationale Klassifizierung DSM III hat sich inzwischen auf folgende Autismus-Definition geeinigt:

1. Beginn vor dem 30. Lebensmonat.
2. Grundlegender Mangel an Reaktionen auf andere Menschen (Autismus).
3. Große Defizite in der Sprachentwicklung.

4. Wenn die Sprache vorhanden ist, dann eigentümliches Sprachmuster, wie unmittelbare und verzögerte Echolalie, metaphorische Sprache und pronomenale Umkehr.
5. Bizarre Reaktionen auf verschiedene Aspekte der Umgebung, z. B. Widerstand gegen Veränderungen, eigentümliche Interessiertheit bzw. Beziehungen zu belebten, aber vor allem zu unbelebten Objekten.
6. Das Fehlen von Wahnphänomenen, Halluzinationen, Lockerung der Assoziationen und Zerfahrenheit, wie dies für die Schizophrenie typisch ist.

Eine solche Definition, wie sie DSM III gibt und wie sie zur Verständigung und zum Vergleich wissenschaftlicher Erhebungen notwendig ist, suggeriert aber gewollt oder ungewollt, daß es sich dabei um eine Krankheitseinheit oder zumindest um eine klar abgrenzbare Krankheitsform handle. Diesem Phänomen begegnet man im Rahmen der Psychiatrie immer wieder. Man ist bemüht, zur Orientierung in dem Dschungel vielfach verbundener Symptome und Symptomgruppen durch die Herausarbeitung typischer Syndrome Wegmarken einzuschlagen, durch die aber bereits unvermeidlich die natürliche Vielfalt der Beziehungen zwischen den Symptomen und Syndromen verändert wird. Jede nosologische Ordnung, welche den in natürlicher Vielfalt auftretenden Symptomkonstellationen übergestülpt wird, muß eine Verzerrung der Wirklichkeit herbeiführen. Als erster ist Kraepelin diesen Weg gegangen. Er kreierte eine Struktur und Ordnung für die psychischen Störungen, die sich in der klinischen Praxis zur Orientierung bewährt hätte, wenn man nicht alsbald davon ausgegangen wäre, es handle sich bei dieser Struktur und Ordnung nicht nur um eine übergestülpte Form, sondern um die wissenschaftliche Wahrheit schlechthin. Diese Vorgehensweise entspricht dem Bedürfnis, Krankheiten zu erkennen, die man wiederum als von außen kommende (exogene) oder durch organische oder Stoffwechselveränderungen von innen heraus wirksame (endogene) Störungsbilder begreift. Auch hat sich die Psychiatrie angewöhnt, von der jeweils stärksten Ausprägung der einzelnen Symptome auszugehen, weil diese im klinischen Alltag das Bild bestimmen und prägen.

Versucht man dagegen, gewissermaßen am Rande des Störungsbildes, dort wo dieses in die psychische Normalität fließend übergeht, den einzelnen Symptomen nachzugehen, dann erkennt man, wie dies schon für die Schizophrenie und ihre Symptomatik gezeigt wurde, daß die einzelnen Symptome zunächst einmal dieser Normalität ebenso zugerechnet werden können wie dem Krankheitsbild als solchem, und daß der Unterschied lediglich quantitativer Natur ist.

Auch beim Autismus infantum ist eine Abgrenzung zwischen Krankheit und Normalität an keiner Stelle mit Sicherheit möglich. Jedes einzelne Symptom ist auch in der psychischen Normalität vorhanden, und erst das charakteristische Zusammentreffen und vor allem seine quantitative Veränderung, Steigerung und Fixierung oder ihr weitgehendes oder völliges Fehlen bewirken dann das Bild einer als krankhaft zu bezeichnenden Störung.

Dies ist vor allem bei der leichteren Form des Autismus infantum, dem Asperger-Autismus deutlich zu machen. Eine Unterscheidung zwischen Asperger-Autismus und Kanner-Autismus ist vor allem wegen der sehr unterschiedlichen Sozialprognose und wegen der sich daraus ergebenden sehr verschiedenen therapeutischen Anforderungen durchaus sinnvoll und hilfreich.

Die Symptomatik

Die Einzelsymptome des Autismus infantum:

1. Die Kontaktstörung, oder besser die Beziehungsstörung, welche aus dem Egozentrismus heraus entsteht und dem Krankheitsbild mit dem von Eugen Bleuler geprägten Begriff des Autismus den Namen gegeben hat. Im Egozentrismus erlebt das Individuum sich selbst als unbedingten Mittelpunkt, auf den hin alles Geschehen in der Umwelt bezogen wird. Im Egozentrismus kann die Umwelt nur in ihrem Verhältnis zur eigenen Person betrachtet werden. Es besteht keine Möglichkeit, sich in der Vorstellung aus sich heraus zu begeben und sich selbst gewissermaßen von außen zu betrachten.

Wie schon bei der Besprechung schizophrener Symptome deutlich gemacht wurde, entspricht eine egozentristische Weltwahrnehmung einer normalen Durchgangsphase im zweiten und dritten Lebensjahr. In diesem Alter erleben sich die Kinder natürlicherweise als Mittelpunkt der Welt. Es fehlt ihnen auch die Möglichkeit, bewußt die Wirkung ihres eigenen Verhaltens, Handelns und Sprechens auf andere Menschen nachzufühlen, vor allem aber nicht, und das ist das viel Wichtigere, diese vorauszusehen und in die Entscheidung zum eigenen Handeln, Verhalten und Sprechen einzukalkulieren. Sie können sich noch nicht in andere einfühlen.

Der Schritt aus der egozentristischen Phase heraus bedeutet einen Entwicklungsschritt, an den sich manch Erwachsener noch erinnern kann. Wenn ein Kind von etwa 3 oder 4 Jahren sich Gedanken macht, warum gerade es selbst, als dieses Kind, mit einem bestimmten Namen einer bestimmten Familie und einer bestimmten Situation auf dieser Welt ist, warum «ich» eigentlich «ich» sei, dann vollzieht dieses Kind den Schritt aus einer ptolemäischen, geozentrischen Weltsicht in eine kopernikanische, in der es die eigene Person als eine unter vielen anderen Personen entdeckt. Es stellt hier die von Scharfetter herausgestellte Kernfrage: «Ob ich überhaupt bin».

Wir müssen davon ausgehen, daß diese Kinder nicht instinktiv die Zuwendung und den natürlichen Abstand zu ihrem Gegenüber lernen, wohl weil dieses Gegenüber keinen oder nur einen ungenügenden Objektcharakter erhält. Castell stellte experimentell fest, daß autistische Kinder bei averbaler Kontaktaufnahme den Erwachsenen im Durchschnitt am kürzesten und seltensten ins Gesicht sehen. Sie verhalten sich hier ähnlich wie pränatal geschädigte Kinder.

Beim Autismus infantum, zumindest in den charakteristischen Fällen dieser Störungsform, bleibt das Defizit in der Einfühlungsfähigkeit in andere bestehen. Diese Menschen vermögen nicht die Wirkung, die sie mit ihrem Verhalten, Handeln und Reden auf andere ausüben, nachzuempfinden, vor allem nicht im voraus zu empfinden und danach ihre Verhaltensweisen einzurichten.

Sie können allenfalls durch bewußte Verhaltenskorrektur lernen, bestimmte störend wirkende Verhaltensweisen zu unterlassen und in bestimmten Situationen sich in einer bestimmten Weise zu verhalten oder nicht zu verhalten.

So hat ein autistischer Student, der es im Fach der Geologie trotz guter Intelligenz mit großer Mühe bis zum Vordiplom geschafft hatte, nach einem einstündigen beratenden Gespräch mit dem Psychiater selbst als Quintessenz der Besprechung zusammengefaßt und sich selbst die Verhaltensregel gegeben: «Nicht so laut sprechen, nicht ständig die Professoren ansprechen und auch den übrigen Studenten nicht ständig Fragen stellen.»

Er bemühte sich, angemessenes und seine Beziehung zu seinen Mit-Studenten weniger störendes Verhalten zu erlernen, so wie andere die Technik des Autofahrens lernen.

Wie bei allen Syndromen müssen auch beim Autismus infantum nicht sämtliche Symptome gleichzeitig vorhanden sein, vor allem können sie in sehr unterschiedlicher Ausprägung in Erscheinung treten. So findet sich in dem Selbstzeugnis des Dietmar Zöller (1989), das er in dem Buch «Wenn ich mit euch reden könnte...» niedergelegt hat, deutlich, daß er zwar durchaus in der Lage war, die Äußerungen und das Verhalten der anderen zu verstehen, daß er aber selbst in seiner Reaktion darauf behindert war. Er war in seiner Äußerungsfähigkeit beeinträchtigt.

Es ist wichtig zum Verständnis der Autisten, sich stets zu vergegenwärtigen, daß eine inadäquate Reaktion des betreffenden Autisten kein unmittelbarer Beweis sein muß, daß der Betreffende sein Gegenüber nicht verstehen und sein Verhalten nicht interpretieren konnte, sondern daß es genauso gut bei erhaltenem Verständnis eine Behinderung in der Reaktionsfähigkeit sein kann, die das scheinbar inadäquate Verhalten des Betroffenen ausdrückt. Es ist ähnlich wie bei den extrapyramidal-athetotisch gestörten Menschen, die in ihrer Ausdrucksfähigkeit motorisch behindert sind und damit häufig den falschen Eindruck eines mangelnden Verständnisses vermitteln.

Die Kontaktstörung, die Isolierung, das Leben in einer eigenen Welt ist aber zweifellos das führende und charakteristische Symptom eines Autismus infantum.

In der schweren Krankheitsausprägung vom Typ des Kanner-Autismus ist ja die Möglichkeit praktisch nicht gegeben, festzustellen, ob bestimmte Denkvorgänge, bestimmte Fähigkeiten des Verständnisses beim Betroffenen überhaupt vorhanden sind oder nicht. Ein Nicht-Reagieren auf Anruf, auf optische Signale, selbst auf Schmerzreize, vermag ja nichts darüber auszusagen, ob diese Signale und Reize wahrgenommen werden. Der Anruf und die optischen

Signale können möglicherweise aufgenommen werden, aber als für die eigene Person nicht relevant, also sie nicht betreffend übergangen und keiner Reaktion gewürdigt werden. Ähnliches kann auch für leichtere Schmerzreize angenommen werden, die allenfalls zu einer Ausweichreaktion, nicht aber zu einer Zuwendungs- und Abwehrreaktion führen müssen.

Dennoch besteht der Eindruck, dem sich niemand entziehen kann, der sich einige Zeit mit schwer autistisch gestörten Kindern und Jugendlichen abgibt, daß sich in dem Betroffenen doch eine intensive Denktätigkeit abspielt, die aber offenbar anderen Gesetzen und Kriterien gehorcht als den unseren. Sie leben gewissermaßen auf einem anderen Stern.

Diese Beziehungsstörung kann sich auch auf einzelne Sinnesmodalitäten beschränken. So kann es beispielsweise sein, daß das betreffende Kind auf Zuruf in keiner Weise reagiert, sehr aufgeregt und interessiert sich aber zuwendet, wenn man ihm einen für das Kind interessanten Gegenstand, beispielsweise eine Fadenrolle oder einen kleinen Gummischlauch zeigt. Das Kind kann dann sehr leicht den Eindruck erwecken, es sei taub oder sehr schwerhörig. Tatsächlich handelt es sich um so etwas wie eine «Seelentaubheit», d. h. eine cerebrale Nicht-Verarbeitung auditiv aufgenommener Reize.

Genausogut kann es sich umgekehrt verhalten: Das Kind nimmt optische Reize kaum wahr, sieht gewissermaßen durch alles und alle hindurch, folgt aber gespannt einer Schallplatte mit Musik und singt möglicherweise die gehörten Melodien fehlerfrei nach.

Eine gestörte, zumindest veränderte Art der Reizaufnahme und -verarbeitung kann wohl als die wesentliche Grundstörung beim Autismus infantum angesehen werden, von der alle andern Symptome, nicht nur die Kontaktstörung, sondern auch die noch zu beschreibende Objektfixierung und Veränderungsangst abgeleitet werden können. Sie bilden die Ursache eines beeinträchtigten oder gar fehlenden Aufbaues eines gemeinsamen Realitätsbezugs, also einer gemeinsamen Hauptrealität.

Hierzu gibt es eine ganze Reihe von experimentellen Befunden von defizitärer Reizerfassung und -verarbeitung, aber auch charakteristische Mehrleistungen, zum Beispiel beim Erkennen und Lesen auf dem Kopf stehender Bilder und Schrift (Kehrer). Dies entspricht übrigens durchaus der Mehrleistung der Schizophrenen beim Figur-embedded-Test. Die autistischen wie die schizophrenen Menschen sind weniger oder gar nicht durch eine von der gemeinsamen Realität geprägte, ja erzwungene Betrachtungsweise der optischen Eindrücke bestimmt.

Die beim Kanner-Autismus beobachteten weitgehenden Ausfälle im Bereich umschriebener Verarbeitung bestimmter sensorischer Reize können, mit entsprechender Verdünnung, auch bei normal begabten oder hochbegabten autistischen Kindern und Jugendlichen beobachtet werden. Meistens liegt dann zwar kein völliger Ausfall und keine völlig fehlende Reaktion auf bestimmte Reize vor, wohl aber eine große Diskrepanz zwischen einer Überempfindlichkeit und hochdifferenzierten Reaktionsweise auf die eine

Reizqualität und einer nur sehr eingeschränkten und altersinadäquaten Reaktion auf die andere.

So kann eine hochentwickelte Fähigkeit zu visuellen Leistungen, wie auch bei der noch zu besprechenden Objektfixierung, verbunden sein mit einer erheblich eingeschränkten Sprachentwicklung und einem weitgehend fehlenden auditiven Interesse. So ist ein autistisches Mädchen in der Reifezeit perseverativ und unaufhaltsam damit beschäftigt, ständig Bildergeschichten in der Art von Comic-Strips zu zeichnen, die keineswegs einer gewissen künstlerischen Qualität entbehren, allerdings über lange Zeit stereotyp aggressive und blutrünstige Ereignisse zum Inhalt haben, wogegen am Lesen oder auch an sprachlicher Äußerung nur ein relativ geringes Interesse besteht.

Andererseits können hohe musikalische Fähigkeiten, vorwiegend reproduktiver Art, einer minimalen visuellen Fähigkeit gegenüberstehen.

Die Diskrepanz zwischen einzelnen Teilleistungen im Sinne von ausgeprägten Teilleistungsschwächen auf der einen und besonderer Leistungsfähigkeit auf anderen Teilgebieten ist charakteristisch für den Autismus und wahrscheinlich die entscheidende und grundlegende Symptomkonstellation, welche auch die charakteristischen Einzelsymptome zu erklären vermag, und zwar sowohl die eben besprochene Kontakt- und Beziehungsstörung, wie auch die im folgenden zu besprechenden Objektfixierungen.

2. Die Objektfixierung kann auch mit der meist als getrenntes Symptom beschriebenen Veränderungsangst zusammen gesehen werden. Es handelt sich dabei um eine erschwerte Umstellungsfähigkeit, aber auch um die Unfähigkeit oder die eingeschränkte Fähigkeit zur Habituation, d. h. ständig sich wiederholende Reize werden nicht alsbald als bereits bekannt und daher als irrelevant erfaßt unterdrückt. Sie bleiben vielmehr für den Betreffenden ständig neu, so daß sich die Zuwendung und das Interesse nicht davon lösen können.

Man kann dies, wie alle autistischen Symptome, auch als neurobiologische Funktionsstörung interpretieren. Dies ist im Grund jedoch eine banale Feststellung, da ohnehin jedes psychische Aufnehmen, Reagieren und Handeln sich als biologischer Funktionsablauf im Zentralnervensystem abspielt.

So führt es nicht wesentlich weiter, im Rahmen der Gehirnfunktion das fehlende oder gestörte Funktionsglied räumlich oder funktionell festzulegen. Dem Verständnis dient vielmehr die Überlegung, was es für ein in seiner frühen Entwicklung befindliches Kind bedeuten muß, wenn es aus dem großen Spektrum der es umgebenden und auf es einwirkenden Reize nur einen bestimmten Ausschnitt erfassen kann, oder wenn es in der Aufnahme- und Verarbeitungsfähigkeit dieser Reize je nach deren Art große Unterschiede erlebt, Unterschiede, wie sie bei seinen Mitmenschen offensichtlich nicht vorliegen.

Die bereits erwähnte Analogie mit einem von Geburt an tauben oder von Geburt an blinden Kinde ist insofern hilfreich, weil sie verdeutlichen kann, wie wir das Reagieren und Handeln dieser Kinder beurteilen würden, wenn wir die Blindheit oder die Taubheit geflissentlich nicht zur Kenntnis nähmen.

Tatsächlich verhalten wir uns gegenüber solchen Kindern, sobald wir uns über ihre sensorische Behinderung klar geworden sind, konsequent in der Weise, daß wir den nicht aufnehmbaren Reiz als Signal- und Kommunikationsinstrument beiseite lassen und uns nur auf die sensorischen Modalitäten beschränken, von denen wir wissen, daß sie aufgenommen werden können.

Beim autistischen Kind verhält man sich dagegen spontan zunächst so, daß man gerade, weil man weiß und auch unter Umständen apparativ festgestellt hat, daß keine Blindheit oder Taubheit vorliegt, diese vom Kind nicht vollzogene Reizbeantwortung durch ständig wiederholende und sich verstärkende Reize zu überwinden sucht. Bei der Besprechung der Therapie wird hierauf noch einzugehen sein.

Die Objektfixierung, die bei schwer gestörten Kanner-Autisten darin zum Ausdruck kommt, daß diese Kinder sich stereotyp und ausdauernd Objekten zuwenden, die bestimmte Eigenschaften haben, insbesondere runden und drehbaren Gegenständen, wie Fadenrollen, Büchsen, Stifte, Kabel und dergleichen, bei den begabteren Asperger-Autisten aber mehr in einem umschriebenen Interesse an speziellen Sachgebieten, kann so interpretiert werden, daß die durch die kognitive Minderleistung und Einschränkung erschwerte Beziehung zur Umwelt sich auf diese charakteristischen Objekte oder Themengebiete beschränkt. Das Kind bevorzugt die Fähigkeiten, die es gut entwickelt hat und welche sich durch ihren ausschließlichen Gebrauch und intensive Übung sehr schnell weiterentwickeln und differenzieren.

Die Kinder entwickeln dabei, gerade weil sie alle anderen Reize als für sie nicht bedeutungsvoll fast vollständig ausblenden können, eine hohe Konzentrationsfähigkeit. Diese geht bis zum Fehlen jeder Zuwendung auf andere wichtige Reize. Die gewissermaßen isoliert stehenbleibenden Säulen guter, ja überdurchschnittlicher kognitiver Fähigkeit bilden die einzige schmale Brücke zu der Umwelt, welche die Kinder umgibt und in der sie leben.

Bei den Asperger-Autisten entspricht der Objektfixierung das häufig zu beobachtende Spezialistentum. Charakteristischerweise richtet sich das Interesse der Betroffenen stets fast nur auf die inhaltliche Seite und die Struktur des Spezialgebiets und nicht auf seine Bedeutung für die Menschen und für die Umwelt im weiteren Sinne. Das Spezialgebiet wird zur «Welt in der Welt» gemacht und seine Beziehung zu anderen Wissensgebieten interessiert kaum. So kannte ein Junge, der im übrigen in seinen schulischen Leistungen auf Sonderschulniveau stand, sämtliche Glocken der Kirchen einer süddeutschen Großstadt. Er wußte, auf welchen Ton sie gestimmt, wann und wo sie gegossen waren und aus welchem Anlaß sie mit welchen anderen Glocken zusammen angeschlagen werden. Das Interesse und das Wissen war aber rein lexikalisch und wurde nicht zu seiner weiteren Funktion und Bedeutung in Beziehung gesetzt. Auch das oft auffallende «Anderssein» der autistischen Kinder, auch der intelligenteren, kann durch die abweichende Verarbeitung der äußeren sensorischen Reize gut erklärt werden und damit auch ihre veränderte Beobachtungsfähigkeit und ihrer besonderen Interessen. So interessierte sich ein autistischer Junge beim Besuch eines Zoos überhaupt nicht für die Tiere, die man ihm zeigen wollte, dafür aber um so intensiver für das verzweigte Wegesystem im Zoo. Ein anderes autistisches Kind erkannte im Freibad seinen Vater in der Badehose nicht, wohl weil es das «Bild» des Vaters nicht auf das Wesentliche, nämlich auf sein Gesicht beschränken konnte, sondern ihn nur als ganze Gestalt unter Einschlusses seiner Kleidung wiedererkennen konnte.

Es muß im übrigen davon ausgegangen werden, daß es sich bei den in der klassischen Psychiatrie, vor allem der Psychiatrie der großen Anstalten, vielfach berichteten Gedächtnis- und Rechenkünstlern um autistische Menschen gehandelt hat, wobei die Diagnose in ihrer Abgrenzbarkeit damals nicht bekannt war. Auch in dem Film «Rain Man» mit Dustin Hoffman wurden diese Fähigkeiten ja sehr spektakulär herausgestellt.

Eng damit verbunden ist

3. die Veränderungsangst, d. h. die Tendenz der Betroffenen, die Rahmenbedingungen stets unverändert und gleich zu halten. Die Kinder geraten in Panik, wenn das Geschirr und Besteck nicht immer dasselbe ist und in derselben Anordnung auf dem Tisch liegt, sie bedürfen konstanter Rituale, deren Nicht-Einhalten eine starke Verunsicherung hervorruft, bis hin zur Panik.

Auch diese Verhaltensweisen sind bei Kleinkindern in einer Durchgangsphase wohl bekannt. Auch Kinder pflegen mehr oder weniger hartnäckig – wenigstens für eine gewisse Zeit – Rituale bei täglich sich wiederholenden Verrichtungen wie bei der Körperpflege, beim Essen oder beim Zubettgehen. Sie wollen sich damit einer Ordnung vergewissern, die für ihren Umweltbezug und ihre Sicherheit in dieser Welt von Bedeutung ist. Erst wenn sie sich in ihrer Beziehung zur Umwelt aus Erfahrung sicher geworden sind, vermögen sie auf solche Rituale zu verzichten.

Es kann davon ausgegangen werden, daß die Rituale, wie die konstante äußere Ordnung für die autistischen Menschen eine Sicherheit bieten, die sie benötigen, weil ihr Umweltbezug sich nur auf diese schmalen Beziehungen reduziert bzw. darüber nicht hinaus entwickelt hat. Wenn nur eine einzige Brücke zum anderen Ufer der übrigen Welt besteht und die vielen anderen Brücken, die offenbar den übrigen Menschen zur Verfügung stehen, nicht begehbar sind, dann muß diese Brücke hartnäckig und um jeden Preis verteidigt werden.

Die Objektfixierung wie auch die Veränderungsangst können unter psychoanalytischen Gesichtspunkten wie auch entwicklungspsychologisch als eine Angst vor Objektverlust interpretiert werden. Auch dies kennen wir beim Kleinkinde, das ein Übergangsobjekt benötigt, das das vorübergehende Fehlen der Bezugsperson ersetzt, wie das Tuch, das das Kind zum Einschlafen benötigt oder den Teddybär. Dieses Übergangsobjekt im Sinne von Winnicott präsentiert für das Kind die Beziehung zur Umwelt schlechthin.

Wir haben es also beim autistischen Menschen um die Fixierung an ein Übergangsobjekt über die natürliche Entwicklungsphase hinaus zu tun. Dabei können bestimmte bevorzugte Gegenstände ebenso die Funktion des Übergangsobjekts annehmen, wie auch im Spezialistentum bestimmte eng umschriebene Themenbereiche. Geht man von Lacan (zitiert nach Feuling) aus, dann gelingt den autistischen Menschen das «Andere, das Nicht-Ich» nicht, der Autist bleibt auf sich selbst beschränkt. Dies entspricht grundsätzlich dem, was Margret Mahler als fehlenden Schritt zur Individuation, als fehlende Unterscheidung zwischen Ich und Umwelt beschrieben hat (Feuling, Mahler). Der Autist bleibt aber nicht auf dieser Stufe stehen, sondern entwickelt sich darüber hinaus und kann sich doch nicht davon lösen. Es besteht bei ihm eine ständige Verschmelzungsangst, d. h. eine Angst, daß die ungenügend stabile Grenze zwischen dem eigenen Ich und der Umwelt wieder verlorengehen könnte. Dies entspricht natürlich einer Angst vor dem Verlust der eigenen Identität. Die Objekte, an die sich der Autist klammert, oder die speziellen Interessen, in die er sich vertieft, geben ihm die Sicherheit, daß es doch noch etwas anderes gibt als nur ihn allein, ein «Nicht-Ich».

4. Die Entwicklung der Sprache ist bei autistischen Kindern in charakteristischer Weise gestört. Bei den schwer betroffenen Kanner-Autisten bleibt die Sprachentwicklung unter Umständen völlig aus. Es handelt sich dabei aber offensichtlich nicht um eine Unfähigkeit zu sprechen, sondern um ein fehlendes Interesse und ein fehlendes Bedürfnis. Wenn Sprache von diesen schwer gestörten Kindern entwickelt wird, dann dient sie nicht der Kommunikation, sondern sie ist eine Funktion, die nur um ihrer selbst Willen benützt wird.

Wir müssen hier grundsätzlich unterscheiden zwischen der Sprache als einem Instrument der Information und der Sprache als einem Instrument der Kommunikation. Die Sprache als Information gibt es auch beim Tier, wie dies z. B. der Schweizer Zoologe Hediger anschaulich gezeigt hat. Die Sprache als Kommunikationsmittel ist aber, soviel man sagen kann, dem Menschen vorbehalten. Kinder vom Typ des Kanner-Autismus verwenden jedoch die Sprache auch nicht als Medium der gegenseitigen Information, sondern lediglich als Möglichkeit einer Funktion, gewissermaßen wie ein Spiel um seiner selbst Willen. So kommt es zur charakteristischen Echolalie und Iteration, wobei bestimmte Worte – meistens handelt es sich um zusammengesetzte Hauptworte – ständig wiederholt werden. Man gewinnt als Außenstehender den Eindruck, daß die Kinder sich am Klang des Wortes erfreuen. Wahrscheinlich spielt aber auch hier wiederum die fehlende Habituationsfähigkeit eine Rolle, d. h. auch das gesprochene Wort bleibt für längere Zeit neu.

Ebtinger schildert in einer Arbeit über den Traum psychotischer Kinder den Fall eines zehnjährigen psychotischen Jungen, den wir wohl als Autisten vom Asperger-Typ einordnen würden, wie in der psychotischen Sprache der Aspekt des Mitteilungscharakters zunehmend verloren gehe.

Bosch, der sich besonders der Sprache der Autisten angenommen hat, kam zur Feststellung, daß bei ihnen gar kein eigener Sprachbau entwickelt werde, daß keine eigenen Zugriffe sprachlicher Art zur Bewältigung der jeweiligen Situation erfolgen, sondern daß der Autist im sklavischen Übernehmen des Vorgesprochenen verharre. Deshalb bleibe er auch beim gehörten «Du» und finde nicht zum «Ich», weil er lediglich Gehörtes wiedergebe. Es handele sich dabei nicht, wie Kanner angenommen habe, um eine sogenannte «pronominalen Umkehr», sondern nur um eine «pronominale Fixierung».

Es ist aber auch bekannt, daß autistische Zwillinge, die also von Anfang an miteinander aufwachsen, eine Sprache zur Information, möglicherweise auch zur Kommunikation entwickeln, die aber nur von diesen beiden autistischen Kindern verstanden wird. Bei den begabteren Autisten kommt es nach oft verzögerter Sprachentwicklung schließlich doch noch zum vollständigen Sprechen. Charakteristisch ist dabei, daß diese Kinder oft lange Zeit gar nicht sprechen und die Eltern sich bereits Sorgen machen, ob das Kind überhaupt einmal sprechen werde, bis es dann etwa mit zwei oder drei Jahren, zum Teil noch später, gewissermaßen von heute auf morgen zu einem fast normalen, altersentsprechenden Sprechen kommt. Die Kinder haben offenbar schon lange in der inneren Sprache an der Sprachentwicklung teilgenommen, die Sprache aber erst benützt und «laut werden lassen», als sie schon weitgehend entwickelt war.

Dennoch zeigen auch die Asperger-Autisten Spracheigentümlichkeiten, die man am ehesten in ihrer Art verstehen kann, wenn man sich die Unfähigkeit, sich in andere einzufühlen, vergegenwärtigt. Die Sprache wirkt häufig manieriert, oft sprechen sie zu laut oder zu leise, weil sie sich nicht auf den Empfänger in ihrer Sprechweise einzustellen vermögen. Auch passen sie sich in ihrer Diktion und Wortwahl nicht derjenigen ihrer Umgebung an, sondern sprechen auch inhaltlich und im Satzbau «ihre Sprache». Daneben kann es auch zu Störungen der Sprachartikulation kommen, entweder in Form einer gequetschten oder einer näselnden Sprache.

Feuling wies darauf hin, daß nach Lacan Denken ohne Sprache nicht möglich sei. Nun hat man zweifellos auch bei Kanner-Autisten den Eindruck einer möglicherweise inneren Sprache. Die Sprache hat bei ihnen offenbar nur ihren Appell-Charakter verloren. Jedenfalls erscheint der Schluß nicht berechtigt, anzunehmen, weil die schwere Form des Autismus mit einer fehlenden Sprachentwicklung einhergeht, daß diese Menschen auch nicht denken könnten. Möglicherweise denken sie lediglich in anderen Kategorien und Denkformen, die uns nicht zugänglich sind. Stellt man sich die Frage, ob bei autistischen Kindern die Sprache fehlt, weil sie kein Kontaktbedürfnis haben, oder ob der Kontakt fehlt, weil sie keine Sprache entwickeln, dann erscheint das erstere die Wahrscheinlichkeit für sich zu haben.

Die Erkennung eines frühkindlichen Autismus als Syndrom stößt auf unterschiedliche Schwierigkeiten, je nachdem, ob es sich um eine schwere oder leichte Form handelt. Den Asperger-Autismus wird man oft erst am Ende der

Vorschulzeit sicher diagnostizieren können. Die charakteristische Frühsymptomatik des Kanner-Autismus schildert Müller-Wiedemann sehr anschaulich und einfühlend aus anthroposophischer Sicht.

Das Syndrom des Autismus, wie wir es für die schwerere Form des Kanner-Autismus und für die leichtere, mit normaler Intelligenz verbundene Form des Asperger-Autismus geschildert haben, ist, das wird deutlich, eine Symptom-Gruppierung, die es in verdünnter Form als Normalvariante ebenso geben kann, wie in schwerster Form des allein nicht existenzfähigen Kanner-Autisten. Dazwischen gibt es alle Übergänge.

Betrachten wir die Symptome in minimaler Form, also als Normalvariante, dann stellt sich ein sehr bekannter Typus heraus, wie wir ihn beispielsweise nicht selten unter Hochschullehrern finden: Sie sind in ihrer Kontaktfähigkeit eingeschränkt. Sie sind auf umschriebene Interessengebiete fixiert, häufig, ohne die Beziehung dieser Gebiete zu Nachbargebieten noch wahrzunehmen, sie sind bedacht, ihre Umgebung möglichst konstant zu halten, bis hin zur Pedanterie und Zwanghaftigkeit, und sie zeigen eine abgehobene, auf den Kreis ihrer Fachkollegen beschränkte Sprache, welche ihre Kommunikationsfähigkeit mit anderen Menschen außerhalb des Spezialgebiets eingebüßt hat.

Ein eindrucksvolles Beispiel bildet Albert Einstein (Hoffmann 1976). Er soll erst sehr spät mit seiner Sprachentwicklung begonnen haben, etwa mit dem 6. Lebensjahr, und er habe erst mit 9 Jahren altersentsprechend gesprochen. Er sei auch in seinem Wesen sehr einzelgängerisch gewesen und zeigte noch beim Abitur sehr unterschiedliche Leistungen in den einzelnen Fächern.

Es legt sich hierbei eine Hypothese nahe, welche positive Bedeutung die autistoide Beziehungsstörung beim Werk Albert Einsteins gehabt haben könnte. Der anzunehmende veränderte Umweltbezug ermöglichte es ihm vielleicht, sich von der für uns unabweisbaren und in der Anschauung nicht überwindbaren Dreidimensionalität zu lösen und sich möglicherweise auch in der Vorstellung eher einer Vier- und Mehrdimensionalität zuzuwenden. Eine labilere Beziehung zur gemeinsamen Realität ermöglicht eben auch eher eine Erweiterung dieser uns durch unsere vorgegebene psychische Struktur, durch Erziehung und Tradition fixierten Beziehung zur Realität.

(Daß heute in einem ausgebauten Frühförderungssystem mit Sonderbeschulung eine berufliche Entwicklung, wie sie Albert Einstein bis zum Direktor des Kaiser-Wilhelm-Instituts für Physik genommen hat, möglicherweise von vorneherein unmöglich gemacht würde, müßte zu denken geben).

Wenn der Autismus in unterschiedlicher Ausprägung von einer Normalvariante bis zur schweren Störung auftritt, dann kann er auch keine Krankheitseinheit darstellen. Tatsächlich finden wir entsprechende Symptomkonstellationen, wobei das eine oder das andere Symptom fehlen oder nur geringgradig ausgeprägt sein kann, auch im Zusammenhang mit anderen psychischen Störungen, insbesondere mit organischen Psychosyndromen, etwa bei infantiler Cerebralparese oder im Zusammenhang mit Unterbegabungsformen. Wir sprechen dann häufig von einer geistigen Behinderung mit autistoiden Zügen oder einem organischen Psychosyndrom autistoider Prägung.

Ob man diese Abgrenzung vom frühkindlichen Autismus vornehmen will oder nicht, erscheint für die Erklärung und das Verständnis dieses Störungsbildes nicht entscheidend zu sein. Der Umstand, daß alle seine Symptome während der psychischen Entwicklung normalerweise zumindest vorübergehend vorkommen, legt nahe, daß es sich nicht um eine Krankheit handelt, sondern um eine dem Menschen eigene Reaktionsmöglichkeit.

Der Holländer Verheij berichtete 1990 auf einem Kongreß der Erziehungsberatung in Aachen über autismus-ähnliche Störungen und über eine auf die Entwicklungspsychopathologie gegründete Behandlung. Auch Verheij bezieht sich bei der Deutung autistischer Störungen auf die Entwicklungspsychologie und bestätigt die fließenden Übergänge vom Autismus zur Normalität. Er benützt sie vorwiegend zur Begründung seiner therapeutischen Ansätze.

Aus der klinischen Erfahrung ergibt sich die Feststellung, daß es immer dann, wenn die einzelnen kognitiven Fähigkeiten untereinander starke Diskrepanzen aufweisen, wenn also der ausgeprägten Teilleistungsschwäche einer Modalität eine gute Begabung anderer Modalität gegenübersteht, zu autistoiden oder charakteristisch autistischen Symptomen kommen kann.

Dies wird deutlich, wenn Eltern ihre Kinder vorstellen mit dem Bericht, sie seien über die Fähigkeiten ihrer Kinder völlig verunsichert, weil der eine Lehrer oder die eine Erzieherin im Kindergarten sage, das Kind sei hochbegabt, während ein anderer Lehrer oder eine andere Erzieherin sage, das Kind sei wohl geistig behindert und man müsse sich fragen, ob es eine Normalschule werde besuchen können.

Die Vermutung liegt nahe, daß eine starke Diskrepanz in den kognitiven Fähigkeiten von vornherein die Beziehung zur gemeinsamen Realität erschwert und es dadurch zu einer Fixierung in der egozentristischen Phase kommen kann.

Was wissen wir über das Auftreten und die Ursachen des Autismus infantum?

Von Ritvo liegt eine sehr detaillierte Übersicht über die Epidemiologie des Autismus infantum vor. Während früher die Prävalenzrate mit 2 bis 20 : 10.000 angegeben wurde, hält er eine solche von 4 : 10.000 für eine gute Schätzung. Er berichtet über eigene Untersuchungen an 241 Fällen von Autismus, wobei in 20 dieser Familien mehr als ein Autist in der Familie vorgekommen ist. Bei etwas mehr als einem Drittel der Patienten fand er einen Intelligenzquotienten über 70, bei einem Viertel einen solchen zwischen 50 und 70 und bei 40% einen IQ unter 50.

Wenn man die Unterscheidung nach dem Intelligenzquotienten auf die hier angewandte Unterscheidung zwischen dem Aspergerschen Typ und dem Kanner-Typ überträgt, dann würde dies bedeuten, daß etwa ein Drittel aller Autisten dem Aspergerschen Typ zuzurechnen ist und zwei Drittel dem Kannerschen Typ.

Eine solche Häufigkcitsfeststellung erweckt deswegen gewisse Zweifel, weil sie eine eindeutige Definition und Abgrenzung des Autismus in jedem Einzelfall voraussetzt. Gerade dies aber scheint für das Drittel der Asperger-Autisten grundsätzlich nicht möglich zu sein, weil hier, wie gezeigt wurde, fließende Übergänge zu normalen Persönlichkeitsvarianten gegeben sind und die Trennung an keiner Stelle mit triftigen Gründen gezogen werden kann. Insofern ist es richtig, die Prävalenzrate von 4:10.000 als eine Schätzung anzusehen, die nach beiden Seiten offen ist.

Die Untersuchungen über das Autismus-Syndrom zeigen eine deutliche Knabenwendigkeit, d. h. Jungen mit diesem Syndrom werden viel häufiger beobachtet als Mädchen. Die Verteilung reicht von 5:1 bis zu 9:1. Eine eigene Untersuchung mit Schörner (1990) an 244 Patienten ergab ein Verhältnis von 4 Jungen : 1 Mädchen. Beim Asperger-Typ war die Knabenwendigkeit wesentlich ausgeprägter, sie betrug 13:1.

Eine Erblichkeit kann für das Autismus-Syndrom ebenfalls als gesichert erscheinen. (Steffenberg, Gillberg, Ritvo). Bei 11 monozygotischen Zwillingspaaren fand Ritvo in 10 Fällen einen Autismus bei beiden Kindern, wogegen bei 10 dizygotischen Zwillingspaaren in keinem Fall beide davon betroffen waren. Wichtig erscheint in diesem Zusammenhang, daß bei den dizygotischen Zwillingen der jeweils autistische Zwilling signifikant mehr perinatale Komplikationen in der Vorgeschichte aufzuweisen hatte.

Auch die der Symptomatik zugrundeliegenden kognitiven Störungen wurden bei den monozygotischen Zwillingen in 91%, bei den dizygotischen Zwillingen nur in 30% der Fälle gefunden. Hier, ebenso wie bei der Schizophrenie, bei der auch an einer erblichen Komponente nicht gezweifelt werden kann, interessieren aber hinsichtlich der Ursachenforschung die Restprozente zu 100, bei welchen keine Erblichkeit nachgewiesen werden konnte, im Grunde mehr als die Fälle mit gesicherter Erblichkeit.

Einen Hinweis auf die Erblichkeit ergibt ja auch die vielfache Beobachtung, daß einer der beiden Eltern, und zwar meistens der Vater, zwar kein typischer Autist ist, dennoch aber autistische Symptome in Andeutung zeigen kann, z.B. eine gewisse Schwäche, sich in seine Mitmenschen einzufühlen, eine Neigung zu sehr rationaler, ja zum Teil abstrakter Denkweise, wie auch eine gewisse Starrheit in seiner Beziehung zu seiner Umwelt und Kontaktschwäche.

Über die Bedeutung der genetischen Faktoren gaben Remschmidt und Oehler einen Überblick. Die Autoren gingen auch auf die Frage ein, ob ein fragiles X-Syndrom als eine Ursache des Autismus von besonderer Bedeutung sei. Bei Kindern mit fragilem X-Syndrom wurden häufiger autistische Syndrome gefunden. Sie zitieren dabei Rutter, nach welchem bei etwa 5% der Kinder mit frühkindlichem Autismus ein fragiles X-Syndrom nachgewiesen wurde. Unter Berücksichtigung der vorhandenen Literatur bezweifeln die Autoren einen Zusammenhang zwischen frühkindlichem Autismus und fragilem X-Syndrom.

Diese Untersuchungen zur Frage der Bedeutung des fragilen X-Syndroms für die Entstehung des kindlichen Autismus machen deutlich, daß mit der Suche nach einlinigen Kausalitäten wenig Aussicht besteht, eine ursächliche Beziehung zu sichern oder auch nur wahrscheinlich zu machen. Kinder mit fragilem X-Syndrom zeigen durchweg eine deutliche Unterbegabung, ja sie liegen zum größeren Teil im Bereich des leichteren Schwachsinns und zeigen oft ungewöhnliche Handbewegungen und Blickvermeidung. Hierbei handelt es sich um Symptome, die auch in anderem Zusammenhang vorkommen, so beispielsweise beim Rett-Syndrom. Es ist viel wahrscheinlicher davon auszugehen, daß einzelne autistische Symptome als Ausdruck einer grundsätzlich dem Menschen möglichen Reaktions- und Verhaltensform bei vielerlei organisch bedingten psychischen Syndromen gefunden werden können. Sie gehören in aller Regel in die Gruppe der Oligophrenen mit autistischen Zügen.

Wenn aber die Zahl der organisch faßbaren Ursachenfaktoren, als deren Folge autistische, autistoide oder Autismus-ähnliche Symptome beobachtet werden können, zunimmt, dann helfen solche Untersuchungen zur Klärung der Ursache des klassischen Autismus, unabhängig vom Intelligenzquotienten, kaum weiter.

Zu den organischen Befunden beim frühkindlichen Autismus hat sich Rothenberger geäußert, wobei er richtigerweise als Mangel der Forschung zum frühkindlichen Autismus die Tendenz rügt, die beobachtbaren Verhaltensweisen der betroffenen Kinder entweder auf der biologischen oder auf der psychologischen Ebene zu erklären. Er tritt vielmehr für eine Zusammenschau beider Ebenen ein. Auch hält er es für notwendig, entwicklungsabhängige Modelle zu entwerfen, da sich entwicklungsunabhängige nicht für alle Entwicklungsstadien der autistischen Kinder als geeignet erweisen können. So hebt er vor allem auf die Gehirnentwicklung ab, die bei der Ursachenforschung berücksichtigt werden müßte. Dies führt weiter zur Ursache der Teilleistungsstörungen, die wir als einen für das Umwelterleben und -erfassen wesentlichen Faktor und damit auch als einen wesentlicher Faktor für die Entstehung des Autismus annehmen müssen. Wir haben dazu im Zusammenhang mit der Erörterung der Ursachen der Schizophrenie ausführlich Stellung genommen.

Hierher gehören auch andere Untersuchungen zur Hemisphärenlateralität. Auch Rothenberger regt an, die Hypothese über die gestörte Funktion der linken Hemisphäre bei autistischen Kindern erneut zu überprüfen.

Diese Hypothese gewinnt deswegen an Bedeutung für die Entstehung eines frühkindlichen Autismus, weil Ciompi die Gegenüberstellung von Varianz und Invarianz in diesem Zusammenhang hervorgehoben hat. In dieser Dichotomie, in welcher der Mensch aufwächst und an welcher er sich psychisch differenziert, werden die Funktionen der beiden Hirnhemisphären gegenübergestellt.

Als vorwiegend «rechtshirnig» wird das Fühlen angesehen, wogegen das Denken vorwiegend «linkshirnig» anzusiedeln sei.

Das Fühlen ist nach Ciompi die phylogenetisch ältere Form, verankert im Stamm- und Zwischenhirn, sowie im limbischen System, es ist vorwiegend ganzheitlich und synthetisch, die Funktionsweise ist relativ langsam und ist vorwiegend synchron, präsentisch, simultan-analogisch, bild- und raumnahe. Das Denken als phylogenetisch jünger dem Neocortex zuzuordnen, ist vorwiegend partikular und analytisch, die Arbeitsweise ist relativ schnell und vorwiegend diachron, sequentiell, digital, sprach- und zeitnahe.

Tatsächlich finden wir bei normal begabten autistischen Kindern eine auffallende Dominanz der phylogenetisch jüngeren linkshirnigen Funktion mit einer relativen Unterfunktion des Fühlens. Dabei muß die damit verbundene Tendenz, den Wechsel der Phänomene, die Varianz zu erkennen, zu einer starken Verunsicherung gegenüber der Umwelt führen, wenn nicht die gefühlsmäßige Invarianz die notwendige Stabilität der Beziehung gewährleisten kann. Es fällt daher dem Autisten charakteristischerweise schwer, das jeweils invariante der Phänomene zu erkennen, wenn beispielsweise, wie schon erwähnt, ein autistisches Kind seinen Vater im Freibad in der Badehose nicht mehr erkennt, weil er nicht in vollständiger Kleidung vor ihm steht (übrigens ein Phänomen, das auch im Alter wieder beobachtet werden kann, wenn es zunehmend schwerer fällt, Personen in anderer Umgebung als der ursprünglichen wiederzuerkennen). Hier liegt wohl ein wesentlicher Grund für die Objektfixierung und Veränderungsangst des Autisten, der sich auf diese Weise die nötige Stabilität einer Invarianz sichert.

Stoffwechseluntersuchungen haben übrigens bei Autisten trotz vielfältiger Bemühungen keine spezifischen Ergebnisse bringen können. Gillberg zeigt, daß das erhöhte Serotonin in den Körperflüssigkeiten von Autisten eher auf die gleichzeitige geistige Behinderung zurückgeführt werden könne, als auf den Autismus als solchen. Darüber hinaus hält er eine falsche Funktion des Dopamin für wahrscheinlich. Bei Patienten mit einer Tendenz zur Selbstaggression könne der Endorphinfraktion II-Spiegel im Zentralnervensystem erhöht sein.

Über die psychischen Faktoren, die als Teilursache für den Autismus in Frage kommen, wissen wir wenig, wir wissen mehr darüber, welche psychischen Faktoren dabei nicht von Bedeutung sind. Die früher vor allem von psychoanalytischer Seite geäußerte Hypothese, daß eine mangelhafte frühkindliche Zuwendung zum Säugling die entscheidende Ursache für den frühkindlichen Autismus darstelle, kann als unrichtig abgelehnt werden. Diese Beziehung anzunehmen war deswegen naheliegend, weil das Bild des psychischen Hospitalismus (Spitz) manche Ähnlichkeiten und Berührungspunkte mit dem frühkindlichen Autismus zeigt. Daß auch bei autistischen Kindern nicht selten eine Beziehungsstörung zwischen dem Kleinkind und seiner Mutter tatsächlich nachgewiesen werden kann, muß weniger als Ursache, sondern als Folge des frühkindlichen Autismus gewertet werden. Autistische Kinder, vor allem diejenigen vom Kanner-Typ, zeigen im Vergleich zu unauffälligen Neugeborenen und Säuglingen abweichende Verhaltensweisen. So lassen sie die instinktive Zuwendung zur Mutter, die Suche nach Körperkontakt und die sich bald einstellende Zuwendungsreaktion auf die ersten Bezugspersonen vermissen. Ein solches Verhalten muß aber die Eltern, insbesondere die das Kind in den ersten Lebenswochen betreuende Mutter, außerordentlich verunsichern, und sie wird zögern, die körperliche Distanz gegen den sich offenbarenden Willen des Kindes durchzusetzen. Autistische Säuglinge zeichnen sich häufig durch eine besondere Bedürfnislosigkeit aus. Die Eltern berichten später, das Kind sei völlig zufrieden in seinem Bett gelegen und habe nicht nach Zuwendung verlangt, im Gegenteil reagierte es oft auf Zuwendung und Körperkontakt abwehrend und mit negativen Gefühlsäußerungen.

Die gestörte Mutter-Kind-Beziehung ist daher nicht als Ursache, sondern als typische Folge des Autismus anzusehen, der sich in dieser Altersphase als Fehlen instinktiver Zuwendung und Bedürfnis nach Körperkontakt manifestiert.

Hier ist wohl auch die positive Wirkung der sogenannten Festhalte-Therapie (Welch, Tinbergen) zu suchen. In dieser Therapie wird – offenbar mehr oder weniger mit Gewalt, d. h. mit Überwindung eines oft erheblichen Widerstandes – die Herstellung eines Körperkontakts nachträglich erzwungen. Nach anfänglicher, sich oft verstärkender ängstlicher Abwehr des Kindes verliert dieses unter der Therapie die Angst vor der Nähe und gelangt auf diesem Wege dazu, auch den Körperkontakt mit nahe vertrauten Personen zu akzeptieren, ja in Einzelfällen auch zu suchen. Hierauf wird später noch eingegangen werden müssen.

Im sozialen Bereich fiel schon frühzeitig eine gewisse schichtspezifische Verteilung autistischer Kinder auf. Man fand sie überzufällig häufig in Familien der oberen Mittelschicht, vor allem bei Familien von Akademikern. Spätere Untersuchungen von Schopler haben diese Zusammenhänge allerdings nicht bestätigt. Eigene Untersuchungen mit Schörner ließen erkennen, daß eine solche Schichtverteilung zwar bei den Autisten vom Kanner-Typ nicht mit Sicherheit nachzuweisen war, wohl aber ziemlich deutlich bei den intelligenteren Kindern vom Asperger-Typ.

Es wäre hier eine Hypothese zur Erklärung dieses Schichtunterschiedes denkbar: Die Eltern aus höheren sozialen Schichten vermitteln bei autistischen Kindern, die eine hinreichende Intelligenz entwickeln, also dem Asperger-Typ zugerechnet werden müssen, eher durch gezielte Förderung der vorhandenen positiven Teilleistungen eine stärkere und zunehmende Diskrepanz unter den einzelnen Intelligenzfaktoren. Eine zunehmende Diskrepanz, also das Auseinanderklaffen einzelner Teilleistungen verstärkt aber die autistische Symptomatik und im Wechselspiel damit auch die Umwelts- und Realitätsbeziehung dieser Kinder.

Bei den unteren sozialen Schichten dagegen unterbleibt meistens diese forcierte Förderung, wodurch eher eine allgemeine Unterbegabung oder gar eine Oligophrenie resultiert, nicht aber eine typisch autistische Symptomatik.

Entwicklungspsychologische Interpretation des frühkindlichen Autismus

Wenn wir die klinischen und empirischen Erkenntnisse und Erfahrungen bei Patienten mit der Diagnose eines frühkindlichen Autismus oder diesem nahestehenden Symptomen mit dem vergleichen, was wir bei schizophrenen Patienten, insbesondere bei Jugendlichen erfahren und diskutiert haben, dann ergeben sich eine ganze Reihe von Parallelen:

Für den Autismus infantum ergibt sich die begründete Hypothese, daß bei diesen Kindern die Herstellung einer Beziehung zu ihrer Umwelt, also der Aufbau eines gemeinsamen Realitätsbezuges von vornherein, d. h. von Geburt an oder seit dem frühen Kindesalter gestört und beeinträchtigt ist.

Diese Störung betrifft vor allem einzelne Teilgebiete der sensorischen Reizaufnahme, Reizdifferenzierung und Reizbeantwortung. Bei diesen Kindern werden also Teilleistungsstörungen entweder vererbt oder früh erworben, oder ererbte Teilleistungsstörungen werden durch frühkindliche Ereignisse und besondere Umweltbedingungen noch verstärkt. Der Grad der Störung, in gewissem Umfange aber wohl auch die frühe Reaktion der Umwelt auf dieses kognitive Defizit, bestimmen auch den Grad und den Charakter der autistischen Störung. In schweren Fällen entsteht ein Autismus infantum vom Kanner-Typ mit fehlender oder stark beeinträchtigter Sprachentwicklung und stark eingeschränkter Kontaktaufnahme. Entsteht auch zur allernächsten Bezugsperson, also im allgemeinen zur Mutter, keine als emotional erkennbare Beziehung, scheint vielmehr das autistische Kind seine Mutter zur Bedürfnisbefriedigung zu benutzen wie irgendeinen anderen Gegenstand auch, dann haben wir es mit der schwersten Form eines Autismus zu tun, und die Bereiche eines gemeinsamen Realitätsbezuges beschränken sich auf nur wenige Inhalte.

Entsteht nur mit der nächsten Bezugsperson eine auch emotional geprägte Beziehung, dann haben wir es mit einer symbiotischen Psychose im Sinne von Mahler zu tun. Der Kontakt zur Umwelt ist aber praktisch nicht hergestellt worden.

Anstelle zur Mutter können auch offensichtlich emotional bestimmte Beziehungen zu Zwillingsgeschwistern entstehen. Damit scheint aber das Bedürfnis nach Sozialkontakten hinreichend befriedigt zu sein und es besteht ebenfalls eine symbiotische Psychose und ein schwerer frühkindlicher Autismus vom Kanner-Typ.

Man kann davon ausgehen, auch wenn dies nie bewiesen werden kann, daß sich in den symbiotischen Kindern, auch innerhalb einer symbiotischen Beziehung, eine mehr oder weniger rege geistige Tätigkeit entwickeln kann, die aber nur den Charakter einer ausgebauten Nebenrealität erreichen kann und für die Umwelt nicht zugänglich wird.

Auch wenn man mit Lacan der Meinung ist, daß Denken ohne Sprache nicht möglich ist, so ist nichts darüber ausgesagt, ob nicht auch eine andere als die übliche menschliche Sprache geeignet sein kann, eine eigene Denkfähigkeit zu ermöglichen.

Mit abnehmendem Grad der kognitiven Erfassungsstörungen kann in stärkerer oder weniger ausgeprägter Einschränkung des gemeinsamen Realitätsbezuges eine gewisse, wenn auch eingeschränkte Kontaktfähigkeit entstehen, und wir gelangen mit absolut fließendem Übergang zu der Gruppe der autistischen Kinder, die eine unseren üblichen Intelligenzmessungen entsprechende Denkfähigkeit entwickeln und auch zu einer gemeinsamen Realität fähig sind. Es entsteht der Autismus infantum vom Asperger-Typ, der bis zu isolierten Hochbegabungen reichen kann und seinerseits fließende Übergänge bildet zu typischen Charaktervarianten. Entsprechend dem Grad der Einschränkung im Aufbau einer gemeinsamen Realität ist eine völlig aufgehobene, weitgehend eingeschränkte oder nur mäßig behinderte Fähigkeit festzustellen, sich in die Mitmenschen und ihre Denkweise einzufühlen, vor allem die Wirkung des eigenen Verhaltens auf den Mitmenschen zu antizipieren und ihn an der Kontrolle des eigenen Verhaltens mitwirken zu lassen. Autistische Kinder und Jugendliche sind mehr oder weniger verhindert, «sich selbst zu betrachten».

Die Grundstörung, die dem frühkindlichen Autismus zugrundeliegt, besteht demnach in einer angeborenen oder früh erworbenen kognitiven Erfassungsstörung, der Teilleistungsstörung (Graichen). Alle übrigen Symptome, auch die beim Autismus namengebende Kontaktstörung, die Objektfixierung, Veränderungsangst und Sprachstörungen, müssen danach als Folgesymptome der kognitiven Grundstörung angesehen werden.

Der Zusammenhang zwischen Objektfixierung und kognitiver Störung oder Einengung wird auch durch eine Beobachtung an Kindern, die blind wurden, deutlich. Manche dieser Kinder entwickeln Handlungsstereotypien mit bestimmten Objekten, also Gegenständen, wie zum Beispiel Türen, die durchaus autistischen Objektfixierungen entsprechen. Der Unterschied liegt darin, daß die blinden Kinder, die nicht auch geistig behindert sind, die objektfixierten Handlungsstereotypien als Ausgangspunkt zu weiter sich entwickelndem taktilen und erlebbaren Erfassen und «Begreifen» des Raums machen, wogegen die autistischen Kinder – im allgemeinen handelt es sich um Kanner-Autisten – meist auf dieser Stufe stehen bleiben. Die gemeinsame Ausgangssituation ist aber die eingeschränkte kognitive Umwelterfassung. (Persönliche Mitteilung von Frau Dr. R. Walthes, Tübingen)

Die Hypothese ist naheliegend, daß es sich beim frühkindlichen Autismus und bei der ihm zugrundeliegenden kognitiven Grundstörung um eine übersteigerte «Linkshirnigkeit» handelt, der keine entsprechende ausgleichende, integrierende und eine Verbindung zur Emotionalität gewährleistende «Rechtshirnigkeit» gegenübersteht.

Die von Ciompi betonte Gleichzeitigkeit von Kognition und Emotion beim Aufbau menschlicher Erfahrungen vom Kindesalter an erscheint hier insofern gestört, als der emotionale Kontext jeder Erfahrung entweder fehlt oder nur schwach und undifferenziert ausfällt. So ist wohl aufgrund der defizitären

Erfahrung die Angst und das Gefühl des Bedroht-Seins der herrschende emotionale Hintergrund jeder Erfahrung beim autistischen Kind. Nur in bestimmten Bereichen, in welchen sich das Kind und später auch der heranwachsende Jugendliche und auch erwachsene Autist sicher fühlt, können im Umgang mit bekannten Objekten in ständiger Wiederholung auch die Emotionen der Zufriedenheit, ja des Glücks, beobachtet werden. Dieses Gefühl entspricht durchaus dem «Glück im Winkel» des spezialisierten Wissenschaftlers, der für sich allein in der Studierstube oder im Laboratorium Entdeckungen macht oder Ordnungen herstellt, die im Einzelfall auch objektiv, d.h für die Gemeinschaft wichtig sein können, möglicherweise aber nur subjektiv Befriedigung vermitteln. Der Übergang vom segensreich wirkenden Wissenschaftler zum privaten Spinner, oder zu einem in einer fixen Idee gefangenen Paranoiker sind auch hier fließend.

Der Autismus infantum entspricht aber damit nicht einem Krankheitsbild als Reaktion auf eine anlagebedingte oder in der frühen Kindheitsentwicklung von außen kommenden Störung, wenngleich auch dadurch autistische oder autismusähnliche Symptome entstehen können, sondern er ist eine grundsätzliche Reaktionsfähigkeit des Menschen auf bestimmte von uns als defizitär empfundene inneren oder äußere Bedingungen. Ob es sich tatsächlich dabei um ein Defizit handelt oder um eine in verhängnisvolle Richtung abgleitende Weiterentwicklung des Homo sapiens, muß offen bleiben.

Die Beziehung des frühkindlichen Autismus zur Schizophrenie

Die Berührungspunkte zur Schizophrenie ergeben sich aus den bisherigen Feststellungen ziemlich zwanglos.

Es handelt sich beim Autismus infantum gewissermaßen um eine angeborene Schizophrenie, oder besser, es handelt sich bei der Schizophrenie um einen sekundären Autismus infantum. Es liegt nahe, daß ein durchaus unterschiedliches psychopathologisches Bild entstehen muß, wenn die Beziehung zwischen dem Individuum und seiner menschlichen Gemeinschaft im frühen Kindesalter unmöglich gemacht oder stark behindert ist, oder wenn diese Unterbrechung und Einschränkung erst nach einem mehr oder weniger normalen Beziehungsaufbau nach 10, 15 oder mehr Jahren eines Lebens in dieser Gemeinschaft einsetzt. Das Prinzip bleibt aber dasselbe.

Im Falle des Autismus infantum bleibt die Nebenrealität dominierend und führend, und eine gemeinsame Realität entsteht nur ansatzweise oder zumindest in eingeschränktem Maße. Im Falle einer schizophrenen Erkrankung kommt es zu einem Verlust einer bereits aufgebauten, wenn auch offenbar instabilen gemeinsamen Realität. Diese geht allerdings fast nie völlig verloren, sondern es erhalten sich im Bereich vitaler Grundbedürfnisse in aller Regel Reste des gemeinsamen Realitätsbezuges. Während bei einer Schizophrenie der Verlust der gemeinsamen Realität prinzipiell als reversibel angesehen werden muß – was nicht heißt, daß von dieser prinzipiellen Möglichkeit der Reversibilität vom Patienten auch Gebrauch gemacht wird –, so ist die Herstellung eines gemeinsamen Realitätsbezuges bei einem von der frühen Kindheit an autistisch veränderten Kind nicht oder nur beschränkt möglich.

Mit der Differenzierung zwischen Autismus infantum und Schizophrenie hat sich Eggers (1978) ausführlich befaßt. Es gab in dieser Frage immer zwei Gruppen von Wissenschaftlern, von denen die eine, vorwiegend angloamerikanische, im frühkindlichen Autismus eine frühe Form der Schizophrenie sieht (Bender, Campbell, Creak, Goldfarb, Shapiro und andere – zit. nach Eggers), wogegen die andere, eine vorwiegend europäische Gruppe den Autismus nosologisch von der Schizophrenie strikt trennen will (Atchkova, Bosch, Duché, Heuyer, Kanner, van Krevelen, Lutz, Makita, Rimland, Rutter, Stutte, Weber und andere - zit. nach Eggers). Eggers weist darauf hin, daß die autistischen Bezugsstörungen der gemeinsame Ausgangspunkt der Diskussion um ihre gemeinsame oder unterschiedliche Genese seien. Da man sie bei beiden Störungsformen nicht kenne, lasse sich diese Frage noch nicht sicher beantworten. Gegen eine nosologische Einheit führt er die Unterschiede in der genetischen Disposition zu psychischen Erkrankungen, in der Familienpathologie, der Geschlechtsverteilung und der Häufigkeit hirnorganischer Schädigungen an. Die neurochemischen Befunde, insbesondere die Ergebnisse der Untersuchungen des Serotoninstoffwechsels lassen nach Eggers weder eine Unterscheidung noch die Annahme einer Gemeinsamkeit sicher zu. Für Autismus spezifische Befunde wurden nicht gefunden oder nicht bestätigt. Dies hängt wohl auch immer mit der Schwierigkeit der Definition und Abgrenzung zusammen. Im übrigen gibt es ja auch bei Systemerkrankungen infantile, juvenile und adulte Formen, die sich hinsichtlich Befund und Verlauf unterscheiden können, und dennoch handelt es sich um ein identisches Krankheitsbild. Interessant sind die von Eggers herausgestellten neurophysiologischen Gemeinsamkeiten bei frühkindlichem Autismus und der Schizophrenie.

Elektrophysiologische Untersuchungen lassen den Schluß zu, daß bei beiden Störungsformen ein gesteigertes Aktivitätsniveau der subkortikalen Strukturen vorliegt, womit Eggers den Wechsel von verminderter oder verstärkter Abfilterung des sensorischen Inputs erklärt und womit – mit aller Vorsicht – der Wechsel von Über- und Unterempfindlichkeit autistischer Kinder und schizophrener Patienten und damit auch das Unvermögen zum Aufbau eines normalen Realitätsbezugs verständlich zu machen wäre.

Bei diesen Überlegungen muß aber immer bedacht werden, daß auch bei gleicher oder ähnlicher Pathogenese das resultierende klinische Erscheinungsbild völlig unterschiedlich ausfallen kann, allein deshalb, weil im Falle eines frühkindlichen Autismus die funktionelle Störung schon von klein auf besteht und damit alle Lernprozesse davon beinflußt werden, wogegen bei der Schizophrenie zunächst, bis zum Ausbruch der Störung, diese Lernprozesse ungestört oder zumindest nur wenig gestört und verändert ablaufen können und die später einbrechende schizophrene Störung auf eine mehr oder weniger festgefügte psychische Struktur trifft.

In einem Gespräch mit Barbara Munk (New York) wurde mir deutlich, daß sie, wie offenbar in den Vereinigten Staaten üblich, die Diagnose Schizophrenie nur für solche Kinder und Jugendliche vorsieht, die schon immer gestört denken und reagieren. Diese können gelegentlich in einen akuten psychotischen Zustand geraten, der aber nur passagerer Natur ist. Offenbar werden demnach Autisten vom Asperger-Typ in der USA vielfach als schizophren bezeichnet, weil sie schon immer gestört, d. h. «anders» waren.

Grundsätzlich ist auch ein Übergang vom Autismus in ein schizophrenes Krankheitsbild möglich, auch wenn dies immer wieder bestritten wird.

Unter psychischer Belastung kann es vor allem in der Pubertät und Nachpubertät zu Dekompensationen mit charakteristischer schizophrener Symptomatik kommen. Wenn man einen solchen Patienten einem erfahrenen Erwachsenenpsychiater vorstellt, dann wird er nicht zögern, anhand des Querschnittsbefundes die Diagnose einer Schizophrenie zu stellen. Wenn man ihm dann zur Anamnese berichtet, daß das psychische Bild qualitativ, wenn auch nicht quantitativ seit der Kindheit unverändert bestehe, dann zeigt er sich regelmäßig sehr überrascht und vermag das klinische Bild in keines der klassischen psychiatrischen Krankheitsbilder der Erwachsenenpsychiatrie einzuordnen.

Solche Dekompensationen sind nicht selten vorübergehender Natur, gelegentlich können sie aber auch definitiv oder zumindest langfristig bestehen bleiben und vermitteln dann das klassische Bild einer chronischen Schizophrenie. Dieser Übergänge sprechen für eine nahe «Verwandtschaft» der Störungen, d. h. für eine gemeinsame Nosologie.

Bei autistischen Jugendlichen vom Asperger-Typ kommt es oft um das 10. bis 12. Lebensjahr herum, wie wir das verschiedentlich beschrieben haben, zu einer charakteristischen Depression, wenn sie sich ihres Anders-Seins im Vergleich mit ihren Altersgenossen bewußt werden. Diese Reaktion beschränkt sich natürlich auf weniger schwere Autismus-Fälle. (Lempp und Röcker 1981).

Auch relativ frühe Arbeiten und Berichte über den Autismus infantum, wie beispielsweise diejenige von D. Weber, schildern solche Übergänge vom Autismus infantum zur Schizophrenie. Der umgekehrte Übergang von Schizophrenie zum Autismus ist natürlich nicht möglich. Das ergibt sich zwangsläufig aus den geschilderten Gegebenheiten. Im Querschnitt ist ohnedies ein Unterschied zwischen dem autistischen Verhalten eines chronisch kranken Schizophrenen und dem eines schwereren Falls eines Autismus prinzipiell nicht zu erkennen. Er liegt ausschließlich in der Vorgeschichte.

Für beide, für den Schizophrenen wie für den infantilen Autisten gilt das, was Eugen Bleuler in der Beschreibung des Autismus als schizophrenes Symptom bereits geschildert hat: «Das keinem Menschen fehlende Bedürfnis, in der Phantasie Ersatz für ungenügende Wirklichkeiten zu suchen, kann im Autismus widerstandslos befriedigt werden. Die Phantasieprodukte mögen noch so sehr im Widerspruch zu der Wirklichkeit stehen, für den Kranken kommen sie nicht mit ihr in Konflikt. Sie werden höchstens so weit mit ihr in Zusammenhang gebracht, als sie mit den affektiven Bedürfnissen des Kranken in Einklang zu bringen sind.»

Die fließenden Übergänge können von differenzierteren autistischen Jugendlichen auch geschildert werden. So berichtete uns ein jetzt etwa 20-jähriger autistischer Jugendlicher, den wir seit seinem 5. Lebensjahr kennen, rückblickend folgendes: «Wenn die Erscheinung, die ich meine, wirklich da ist, erschrecke ich ganz arg, wenn sie etwa auf einem Bild zu sehen ist. Das ist dann, wenn Phantasieleben mit der Realität zusammenkommt, dann erschrecke ich. Ich erwarte das, wenn es dann tatsächlich eintritt, ist es für mich ein Schock.» Er kommentiert dann selbst dazu: «Es gibt eben im Leben noch mehr als man sieht, das, was nicht da ist, merke ich gut. Das hängt mit meiner Einbildungskraft zusammen, die Welt ist aber stärker da.»

Er berichtete auch, daß er früher beispielsweise gehört habe, daß die Mutter ihn rufe, oder irgend jemand ihn mit dem Namen rufe. Er habe sich aber so nur in seiner Einbildungskraft gerufen gehört, das sei inzwischen weggegangen.

Aus diesen Schilderungen muß man davon ausgehen, daß der Junge damals akustische Halluzinationen gehabt hat.

Solche Übergänge widersprechen natürlich der Vorstellung einer jeweils abgrenzbaren Krankheitseinheit, sie sind aber klinisch nicht bezweifelbar und auch gar nicht so selten. In neuerer Zeit wird dies auch aus der Sicht der Erwachsenenpsychiatrie bestätigt (Hermle und Oepen).

Die gestellte Frage nach der nosologischen Gemeinsamkeit oder der Unterscheidung zwischen Schizophrenie und Autismus ist damit allerdings noch nicht beantwortet. Wahrscheinlich handelt es sich aber bei dieser Frage um ein Scheinproblem, dadurch entstanden, daß wir immer noch vom klassischen Krankheitsbegriff ausgehen. Wenn die Schizophrenien keine von außen kommende, den menschlichen Körper befallende Störung und keine auf primäre Stoffwechselstörungen zurückzuführende, «endogene» Hirnfunktionsänderung sind, sondern eine spezifisch menschliche Reaktionsmöglichkeit zu einer – auf Grund spezifischer konstitutioneller und biographischer Konstellation «verunglückter» – Regression, dann kann die Gemeinsamkeit der autistischen Bezugsstörungen auch nur Ausdruck einer der dem Menschen zur Verfügung stehenden Reaktionsmöglichkeiten sein. Die beiden Störungsformen gerecht werdende gemeinsame Erklärung durch die primäre oder sekundäre Fixierung auf eine Nebenrealität vermag aber ein gemeinsames pathogenetisches Prinzip deutlich zu machen.

Konsequenzen für die Therapie des frühkindlichen Autismus

Die außerordentliche Spannung, die beim Autismus infantum für die Angehörigen des betroffenen Kindes darin liegt, daß sie von außen, gewissermaßen durch eine Glasscheibe miterleben, wie in dem Kind offensichtlich eine lebhafte Denkarbeit stattzufinden scheint, daß aber gleichwohl das Kind für seine Eltern und Angehörigen unerreichbar bleibt, erklärt die mannigfaltigen und in ihren Ergebnissen so widersprüchlich berichteten therapeutischen Bemühungen.

Sie reichen von intensiver pädagogisch-psychotherapeutischer Bemühung, wie sie etwa von Bettelheim in seiner Orthogenic School in Chicago praktiziert wurde, bis hin zu verhaltenstherapeutischen und medikamentösen Behandlungsversuchen.

Legt man die hier erläuterte entwicklungspsychologisch begründete Theorie des Autismus infantum zugrunde, dann muß bei nüchterner Betrachtung deutlich werden, daß eine Heilung des Autismus infantum jenseits der ersten Kinderjahre nicht möglich ist. Ein nicht aufgebauter primärer gemeinsamer Realitätsbezug läßt sich prinzipiell nicht oder nur in sehr beschränktem Maße nachholen. Das unterscheidet den Autismus von der Schizophrenie, bei der vor Erkrankungsbeginn dieser gemeinsame Realitätsbezug bereits aufgebaut war und dann wieder verlorengegangen ist. Verlorenes kann man wiederfinden, etwas aber, das noch gar nicht entstanden ist, läßt sich höchstens in Ansätzen später nachbauen, es kann aber nicht mehr als Grundlage für eine inzwischen weit fortgeschrittene oder gar abgeschlossene Entwicklung dienen.

Das bedeutet nicht, daß nicht einzelne Symptome oder einzelne Verhaltensweisen durch eine entsprechende Therapie gebessert werden und damit auch die Möglichkeit einer Verbesserung eines gemeinsamen Realitätsbezugs bewirkt können.

Verhaltenstherapeutische Versuche, autistische Kinder, die keine Sprachentwicklung zeigen, durch Belohnung und Strafe zum Sprechen zu führen, müssen von vornherein als zum Scheitern verurteilt angesehen werden. Diese Kinder werden unter Umständen zu sprechen beginnen, man wird sie aber nicht dazu bewegen können, die Sprache als Kommunikationsinstrument und zur Beziehungsanbahnung zu verwenden, weil ihnen dafür das Bedürfnis fehlt. Sie werden die Sprache lediglich als eine Körperfunktion aktivieren, die aber keine Beziehung zur Umwelt bedeuten kann.

In den letzten Jahren hat die Festhaltetherapie nach Tinbergen und Welch großes Interesse gefunden, im deutschen Sprachraum nachdrücklich vertreten durch Prekop. Falk hat sich in einer empirischen Untersuchung mit dieser Therapie auseinandergesetzt und die klinische Erfahrung bestätigen können, daß die Festhaltetherapie geeignet ist, eine gewisse Verbesserung der emotionalen Beziehungen des Kindes zu seiner nächsten Umwelt herbeizuführen, daß aber das kognitive Defizit davon weitgehend unberührt bleibt. Wernicke sieht in der Festhaltetherapie eine Möglichkeit, unbefriedigte Grundbedürfnisse bewußt zu sättigen.

Nun darf man bei einem so schweren Eltern wie Familie außerordentlich belastenden Störungsbild wie dem des Autismus infantum vor allem in seinen schweren Formen solche kleinere Hilfe nicht gering achten, weil sie tatsächlich für die Eltern und die nähere Umgebung eine wesentliche Besserung und Entlastung bedeuten können. Auch besteht nicht der Eindruck, daß diese therapeutischen Bemühungen zur Verbesserung der Emotionalität für die betroffenen Kinder und Jugendlichen nachteilig wären oder daß sie von diesen negativ empfunden würden. Insofern sind solche Bemühungen durchaus berechtigt, nur sollten sie von Anfang an nicht die Illusion vermitteln, sie könnten eine Heilung des Zustandes bewirken.

So bleibt der Erfahrungsbericht von Kaufman zu erörtern, in dem die Therapie der Familie, insbesondere der Mutter an einem Jungen geschildert wird. Diese Therapie begann, als das Kind etwa ein Dreivierteljahr alt war, und dauerte etwa ein Jahr an. Danach konnte aus dem Bericht eine weitgehende Heilung angenommen werden. Über den weiteren Verlauf und die Entwicklung dieses Kindes ist mir nichts bekannt. Wie ich hörte, soll Herr Kaufman noch einen zweiten Fall auf dem amerikanischen Kontinent mit Erfolg behandelt haben.

Ein solcher Einzelfall kann natürlich keinen Beweis für die Richtigkeit des therapeutischen Vorgehens abgeben, da immer offenbleibt, wie sich der Junge ohne diese Therapie entwickelt hätte. Die Darstellung ist jedoch überzeugend, und sie könnte zu folgenden Schlußfolgerungen führen:

1. Eine erfolgreiche Therapie eines frühkindlichen Autismus hängt davon ab, daß dieser möglichst frühzeitig erkannt und in seiner Spezifität diagnostiziert wird. Die Therapie sollte also möglichst frühzeitig, nach Möglichkeit vor Ablauf des ersten Lebensjahres, einsetzen.
   Damit kommt sie grundsätzlich nur für die schweren Autismusfälle vom Kanner-Typ in Frage, denn die leichteren Formen eines Asperger-Typs können so frühzeitig nicht erkannt werden. Bei diesen ist aber vielleicht ein so frühes Eingreifen auch nicht so unbedingt notwendig.

2. Die Therapie muß gewissermaßen eine «24-Stunden-Therapie» sein, d. h. das Kind muß den ganzen Tag über therapeutisch begleitet werden. Dies bedeutet einen hohen personellen Einsatz, der in der Familie Kaufman vor allem von der Mutter, aber auch von Geschwistern und nahen Freunden, sichergestellt wurde. Wichtig erscheint dabei, daß es sich um wenige Personen handelt, damit für das Kind eine hinreichende Beziehungskontinuität gewährleistet ist.

3. Die Therapie darf sich nicht auf die Unterbindung oder Überwindung einzelner Symptome richten, sie darf beispielsweise nicht versuchen, rhythmisierende Körperbewegungen zu unterbrechen oder Zuwendung zu erzwin-

gen, sondern sie muß gewissermaßen tangential erfolgen. Einfach dadurch, daß die Mutter des Kindes Kaufman sich neben ihr Kind setzte und dessen schaukelnde Bewegungen mitmachte, entstand eine erste Beziehungsmöglichkeit, welche für das Kind eine von ihm akzeptable und «verstehbare» Umwelt herstellt. Auf diesem Boden sind dann weitere Imitationen und Übernahmen und damit auch eine Beziehung zwischen dem Kind und dem Therapeuten möglich. Ähnliches zeigt sich bei der Therapie nicht-sprechender Autisten. Wenn der Therapeut das Kind zum Sprechen auffordert, ihm gewissermaßen vorspricht, wird er nicht zum Ziele kommen. Wenn er dagegen das Kind etwa beim Spielen mit bestimmten Objekten oder bei anderen Tätigkeiten begleitet und selbst dabei ständig oder immer wieder spricht, wird das autistische Kind im Laufe der Zeit möglicherweise bereit sein, das Sprechen des anderen zu übernehmen. Dabei wäre dann aber auch mit dem Sprechen gleichzeitig ein gewisser Beziehungskontakt hergestellt.

4. Eine nicht-verbale Kommunikation auf der Körperebene bietet sich als therapeutischer Zugang an. Das Körpererleben autistischer Kinder ist offensichtlich auch von der Störung mitbetroffen. Dennoch ist es ein sehr persönlichkeitsnahes Erlebnisfeld und damit geeignet, Beziehungen und Kontakte über primäre Wahrnehmungen herzustellen. Entsprechende Erfahrungen wurden von F. Lempp, wie auch bei schizophrenen Jugendlichen von Geißendörfer und Heinzmann berichtet.

Unter diesen allerdings schwer realisierbaren Umständen erscheinen weitgehende Besserungen oder sogar Verhinderungen eines schwereren Autismus infantum möglich zu sein.

Die Notwendigkeit eines frühen therapeutischen Einsatzes birgt natürlich die Gefahr in sich, daß der große und aufreibende therapeutische Einsatz mehrerer Personen auch in Fällen angewandt würde, die eines solchen Einsatzes gar nicht bedürften. Ja, es bleibt offen, ob dann nicht die spontane und möglicherweise gesunde Entwicklung dieses Kindes nicht gerade durch eine solche Therapie gestört würde. Diese große Unsicherheit und dieses Risiko wird voraussichtlich diese theoretisch begründete, aber nur in wenigen Einzelfällen realisierbare Therapie nicht als eine Standard-Therapie geeignet machen.

Das bedeutet aber nicht, daß nicht nach dem selben Prinzip zu einem späteren Zeitpunkt mit einer entsprechend geringeren Intensität gewisse Besserungen möglich sind.

Aus der therapeutischen Erfahrung mit autistischen Jugendlichen vom Asperger-Typ zeigt sich, wie nach Herstellung einer vertrauensvollen Beziehung des Jugendlichen zum Therapeuten oder der Therapeutin ihre Empfindlichkeit auch weiterhin groß bleibt und es bei Überforderungen leicht zu einem Beziehungsabbruch kommen kann. Die Therapie muß sich dabei auf behutsame Verhaltenskorrekturen beschränken, die vom Patienten wie eine technische Leistung erlernt werden müssen. Das zwischenmenschliche Verhalten bedeutet für sie eine technische Fertigkeit wie etwa das Steuern eines Autos, wobei stets der rückkoppelnde Kontrollmechanismus vom Verhalten der Umgebung auf das eigene Verhalten eingeschränkt bleiben wird. Auch die soziale Betreuung, d. h. die Hilfe beim Finden sozialer Nischen, in denen die normalbegabten Autisten ihre umschriebenen Fähigkeiten sozial zur Geltung bringen können, ist ein wesentlicher Bereich.

Erfahrungen des Vereins für psychoanalytische Sozialarbeit in Tübingen durch Feuling haben gezeigt, daß die Teilhabe am allgemeinen sozialen Austausch auch im Sinne der Teilhabe an der gesellschaftlichen Ökonomie, d. h. am Markt, verstanden werden muß. Der Markt, für den produziert wird, stellt – psychoanalytisch gesehen – einen «generalisierten Anderen» dar. Über die psychische Struktur, die ein solcher «generalisierter Anderer» darstellt, verfügen autistische junge Menschen gerade nicht. Sie bleiben deshalb abhängig von «bestimmten Anderen», was für sie oft unerträglich ist und eine weitgehende Individuation verhindert. In diesem Zusammenhang sind sie unter Umständen auch bereit, von ihnen selbst als «primitiv» bezeichnende Teilarbeiten zu verrichten, weil sie wissen, daß die von ihnen hergestellten Waren schließlich die Wünsche anderer Menschen befriedigen würden. Diese anonymen Wünsche anderer Menschen konstituieren für sie einen «generalisierten Anderen». Diese «generalisierten Anderen» sind aber für den Autisten wesentlich weniger bedrohlich als ein «konkreter Anderer», der ihnen gegenübersteht.

Auch die Festhaltetherapie hat, wie bereits gezeigt wurde, ihren berechtigten Stellenwert im Sortiment der verschiedenen Therapieansätze. Auch sie sollte möglichst frühzeitig die Angst vor der körperlichen Nähe zur Bezugsperson zu überwinden suchen und nicht erst bei älteren autistischen Jugendlichen in Form unnatürlich verkrampfter, zwanghafter therapeutischer Festhaltebemühungen versucht werden.

Schlußbemerkung

Die anthropologische Sicht von Schizophrenie und Autismus infantum

Unsere Welt mit der Betonung des Wissenschaftlichen, Technischen, Wirtschaftlichen und Politischen entspricht einer «linkshirnigen» Männerwelt, der die weibliche Integrationsfähigkeit zunehmend abhanden zu kommen droht. Der Autismus wäre damit gewissermaßen eine überbetonte, eine karikierte Männlichkeit ihr entgegenzuwirken würde bedeuten, daß die Männer sich mehr den Frauen angleichen, und nicht die Frauen versuchen, wie die Männer zu sein.

Grundsätzlich wird man aus anthropologischer Sicht die Schizophrenie und den Autismus infantum als eine spezifische Reaktionsform des Menschen betrachten können. Nach allem was wir wissen, ist nur der Mensch fähig, schizophren oder autistisch zu werden, weil nur er sich die Fähigkeit erwerben kann, sich aus seiner Egozentrizität zu entfernen, sich also selbst zu betrachten. Diese Fähigkeit aber kann er aber auch wieder verlieren. Dies ist bei der Schizophrenie der Fall. Beim Autismus infantum bleibt dagegen die psychosoziale Entwicklung im Gegensatz zum höher entwickelten Säugetier auf einer sehr frühen Stufe stehen, noch vor der Entwicklung einer Beziehungsfähigkeit. Das Fehlen der Beziehungsfähigkeit aber isoliert das betroffene Kind und schließt es aus der Gemeinschaft aus, mit der es im Gegensatz zum höheren Säugetier keine «gemeinsame Realität», kein Gruppengefühl oder keinen Herdentrieb entwickeln kann. Bei den Asperger-Autisten sind diese Unfähigkeiten entsprechend geringer ausgeprägt. Der Mensch ist wohl auch das einzige Wesen, das eine Nebenrealität, eine Phantasie entwickeln kann, vor allem, und das scheint das Wichtigste zu sein, nur der Mensch kann sich eine Vorstellung von der Zukunft machen. Das aber bedeutet, daß nur der Mensch vor etwas nur Vorgestelltem, Ausgedachtem Angst haben kann. Das Tier hat auch Angst, aber nur vor konkreten, tatsächlich oder vermeintlich gegenwärtigen und nicht vor möglicherweise zukünftigen Bedrohungen. (Ich will hier nicht auf die Erörterung von Vorahnungen eingehen, die gelegentlich von Tieren berichtet werden.) Auch der Autist, zumindest der Kanner-Autist, hat nur Angst vor der tatsächlich oder vermeintlich gegenwärtigen Gefahr, nicht vor der Zukunft.

Diese spezifisch menschliche Angst vor einer Zukunft ist es offenbar auch, welche bei Erwachsenen die Flucht in die Nebenrealität im Sinne einer Regression in kindliche Zustände der Geborgenheit veranlassen kann.

Diese Betrachtungsweise findet sich auch in der griechischen Weltsicht des Altertums (Held). Die griechischen Götter sind der Ausdruck der unterschiedlichen emotionalen Situation des Menschen, die sein Erleben der Welt bestimmen. Der Gott Apollo, der uns die Erkenntnis, das Licht der Welt bringt, schafft auch die Distanz, d. h. die Möglichkeit von sich selbst zu abstrahieren und dadurch die Welt zu erkennen. Die Erde dagegen, an die wir gebunden sind, ist dunkel, bietet aber auch Geborgenheit. Schlaf und Ohnmacht und das Vergessen – und vielleicht darf man auch die Psychose dazuzählen – unterbrechen unser Sehen der Welt, der Tod bereitet ihm für immer ein Ende. Die Psychose kann so als der Versuch verstanden werden, vor der Erkenntnis, vor dem Licht der Welt zur Geborgenheit in der Dunkelheit der Erde und des Mutterschoßes zurückzufinden, wenn das Licht und die Erkenntnis unerträglich erscheint.

Die Psychiatrie überhaupt, besonders aber die Psychiatrie des Erwachsenenalters, sollte, um Zugang zu den Störungsbildern ihrer Patienten zu finden, den Mut haben, sich einmal von den somatischen Krankheitsvorstellungen freizumachen und sich zum einen an den Erfahrungen und Kenntnissen der Entwicklungspsychologie zu orientieren, d. h. zu berücksichtigen, wie sich denn die Psyche im Kleinkindesalter entwickelt, und zum anderen unvoreingenommen die Äußerungen ihrer Patienten ernst zu nehmen, versuchen, sie zu verstehen, und ihr Verhalten zu beobachten, ohne dabei immer nach einer Krankheitseinheit zu suchen.

Die Psychiatrie ist eine ungeheuer lebendige Wissenschaft. Die Kinder- und Jugendpsychiatrie ist gerade wegen ihres entwicklungspsychologischen Aspektes noch interessanter. Die Erfahrungen der Kinder- und Jugendpsychiatrie stehen prinzipiell vor denen der Erwachsenenpsychiatrie, denn es gibt Kinder, die noch nicht Erwachsene sind, aber es gibt keine Erwachsenen, die nicht schon einmal Kinder waren.

Literatur

Ackenheil, M., H. Hippius u. N. Matussek (1981): Neuere Entwicklungen und Ansätze der biochemischen Schizophrenieforschung. In: G. Huber (Hrsg.): Schizophrenie. Schattauer Verlag Stuttgart New York 211–216.

Ackenheil, M. (1990): Neurotransmitter bei Angst und Panikerkrankungen. Psychiat. Prax. 17, 23–28.

Akert, K. (1979): Probleme der Hirnreifung. In: R. Lempp (Hrsg.): Teilleistungsstörungen im Kindesalter. Huber Bern Stuttgart Wien, 123–32.

Arieti, S. (1971): The Origins and Development of the Psychopathology of Schizophrenia. In: M. Bleuler und J. Angst (Hrsg.). Die Entstehung der Schizophrenie, Huber Bern Stuttgart Wien. 91–106.

Asperger, H. (1944) Die «Autistischen Psychopathen» im Kindesalter. Arch. Psychiat. Nervenkr. 117, 76–136.

Bateson, G. u. a. (1969): Auf dem Weg zu einer Schizophrenie-Theorie. In: Bateson, G., D. D. Jackson, J. H. Weakland, L. C. Wynne, Th. Lidz u. a.: Schizophrenie und Familie, Suhrkamp Frankfurt am Main, 11–43.

Bateson, M. C. (1986): Mit den Augen einer Tochter. Meine Erinnerungen an Margaret Mead und Gregory Bateson. Rowohlt Taschenbuch Reinbek bei Hamburg.

Becker, St. (1990): Die Supervision der Behandlung psychotischer Jugendlicher. In: R. Lempp (Hrsg.): Die Therapie der Psychosen im Kindes- und Jugendalter. Huber Bern Stuttgart Toronto, 177–186.

Becker, St. (1990): Objektbeziehungspsychologie und katastrophische Veränderung. Zur psychoanalytischen Behandlung psychotischer Patienten. edition diskord Tübingen.

Benedetti, G. (1971).: Ich-Strukturierung und Psychodynamik in der Schizophrenie. In: M. Bleuler und J. Angst (Hrsg.). Die Entstehung der Schizophrenie, Huber Bern Stuttgart Wien. 77–89.

Benedetti, G. u. U. Rauchfleisch (1975): Die Schizophrenie in unserer Gesellschaft. Thieme Stuttgart.

Benedetti, G. und M. Peciccia (1990): Das progressive therapeutische Spiegelbild. Eine Methode zur Behandlung jugendlicher Psychosen. In: R. Lempp (Hrsg.) Die Therapie der Psychosen im Kindes- und Jugendalter. Huber Bern Stuttgart Toronto, 52–59.

Bettelheim, B. (1977): Die Geburt des Selbst. Kindler München.

Bettelheim, B. (1990). «Wildkinder» und autistische Kinder. In: B. Bettelheim: Themen meines Lebens. Deutsche Verlags Anstalt Stuttgart 183 - 206.

Blankenburg, B. (1983): Schizophrene Psychosen in der Adoleszenz. Jap. J. of Psychopathology 4, 151–170. deutsch in: Bull. Inst. med. Kumamoto University 48, 33–54.

Bleuler, E. (1969): Lehrbuch der Psychiatrie, 11. Auflage, umgearbeitet von M. Bleuler. Springer Berlin Heidelberg New York 369.

Bleuler, E. (1912): Das autistische Denken. Jb. psychoanalyt. psychopathol. Forsch. 4, 1–39.
Bleuler, M. (1964): Ursachen und Wesen der schizophrenen Geistesstörungen. Dtsch. med. Wschr. 89, 1865–1870 und 1947–1952.
Bleuler, M. (1972): Die schizophrenen Geistesstörungen im Lichte langjähriger Kranken- und Familiengeschichten. Thieme Stuttgart
Bleuler, M. (1971): Schlußwort: Gedanken und Erfahrungen zur Schizophrenielehre. In: M. Bleuler und J. Angst (Hrsg.). Die Entstehung der Schizophrenie, Huber Bern Stuttgart Wien. 107–119.
Bloch, E. (1959): Das Prinzip Hoffnung. Suhrkamp Frankfurt am Main.
Böcker, F. (1988): Überlegungen und Fragen eines klinischen Psychiaters zum leibseelischen Zusammenhang. In: F. Böcker und W. Weig (Hrsg.): Aktuelle Kernfragen in der Psychiatrie. Springer Berlin Heidelberg. New York London Paris Tokyo, 13–23.
Bodenheimer, A. R. (1978): Die drei Phasen der schizophrenen Psychose und ihre phasenspezifische Psychotherapie. Schweizer Archiv für Neurologie und Psychiatrie, Bd. 122, 213–235.
Bodenheimer, A. R. (1990): Paradigmata und Aenigmata einer Psychotherapie der Psychosen. In: R. Lempp (Hrsg.): Die Therapie der Psychosen im Kindes- und Jugendalter. Huber Bern Stuttgart Toronto, 14–45.
Böker, W. und H. D. Brenner (Hrsg.) (1989): Schizophrenie als systemische Störung. Huber Bern Stuttgart Toronto.
Bois du, R. (1990): Therapeutische Ansätze bei Wahn und Halluzinationen im Jugendalter – Versuch einer Psychopathologie im Dienste des therapeutischen Alltags. In: R. Lempp (Hrsg.): Die Therapie der Psychosen im Kindes- und Jugendalter. Huber Bern Stuttgart Toronto, 110–120.
Bois du, R., M. Günter, D. Koller, B. Zimmermann (1990): Die Zeit in der Klinik, die Zeit danach – die biographische Bedeutung des stationären Langzeitaufenthaltes anhand von drei- bis zehnjährigen Katamnesen. In: R. Lempp (Hrsg.): Die Therapie der Psychosen im Kindes- und Jugendalter. Huber Bern Stuttgart Toronto, 196–206.
Bosch, G. (1981): Autismus. In: Die Psychologie des 20. Jahrhunderts, Band XII, 324–357.
Bürgin, D. (1982): Über einige Aspekte der pränatalen Entwicklung. In: G. Nissen (Hrsg.):Psychiatrie des Säuglings- und des frühen Kindesalters. Huber Bern Stuttgart Wien 23–55.
Burchard, F. (1991): Haltetherapie in der Anwendung: statistische Erkenntnisse und neue Fragen daraus. In: Gesellschaft zur Förderung des Festhaltens (Hrsg.): Dokumentation 1. Internationaler Kongreß «Festhalten» in Regensburg, Stuttgart. 310–330.
Burchard, F. (1991) Dreiteilige Beobachtungsstudie zur Praxis der Festhaltetherapie nach ein bis fünf Jahren. Inaugur. Diss. Hamburg (im Druck).
Castell, R. (1971): Räumlicher Abstand und visuelle Zuwendung als Maß sozialer Interaktion zwischen Kind und Erwachsenen. In: R. Bilz und N. Petrilowitsch (Hrsg.): Beiträge zur Verhaltensforschung. Akt. Fragen Psychiat. Neurol. Vol. 11, 155–163.
Ciompi, L. (1982): Affektlogik, Klett. Cotta Stuttgart.
Ciompi, L. (1984): Gibt es überhaupt eine Schizophrenie? In: R. Lempp (Hrsg.): Psychische Entwicklung und Schizophrenie. Huber Bern Stuttgart Toronto. S. 15–27.

Ciompi, L. (1988): Außenwelt–Innenwelt, Göttingen.
Ciompi, L. (1989): Intermediäre Prozesse in der Schizophrenie: Zu einer neuen dynamisch orientierten Psychiatrie. In: Böker, W. und H. D. Brenner (Hrsg.) (1989): Schizophrenie als systemische Störung. Huber Bern Stuttgart Toronto. 27–38.
Clark, R. W. (1974): Albert Einstein, München
Conrad, K. (1966): Die beginnende Schizophrenie. 2. Aufl. Thieme Stuttgart.
Doerner, K. (1987): Vortrag Tübingen 13. 10. 87.
DSM-III(1984): Diagnostisches und statistisches Manual Psychischer Störungen. Beltz Weinheim.
Ebtinger, R. und J. Ebtinger (1988): Der Traum in der Psychotherapie psychotischer Kinder. Praxis Kinderpsychol. Kinderpsychiat. 37,131–137.
Eggers, Ch. (1974): «Präpsychotische» Zustandsbilder im Kindesalter. Mschr. Kinderheilk. 122, 859–866.
Eggers, Ch. (1976): Autistisches Syndrom (Kanner) und Pockenschutzimpfung. Klin. Pädiat. 188, 172–180.
Eggers, Ch. (1978): Zur nosologischen Abgrenzung zwischen frühkindlichem Autismus und kindlicher Schizophrenie. In: H. E. Kehrer (Hrsg.): Kindlicher Autismus. Bibliotheca psychiatrica. Nr. 157, Karger Basel New York, S. 1–21.
Eggers, Ch. (1981): Kognitive Störungen bei einem High-risk-Kind. In: G. Huber (Hrsg.): Schizophrenie. Schattauer Stuttgart – New York. 185–188.
Eggers, Ch. (1986): High-risk-Faktoren für die spätere Manifestation schizophrener Psychosen. In: G. Nissen (Hrsg.): Psychiatrie des Jugendalters. Huber Bern Stuttgart Toronto, 45–69.
Ernst, C. u. N. v. Luckner (1985): Stellt die Frühkindheit die Weichen? Eine Kritik an der Lehre von der schicksalhaften Bedeutung erster Erlebnisse. Enke Stuttgart.
Ernst, C. u. N. v. Luckner (1986): Diskussion mit R. Lempp. Praxis Kinderpsychol. Kinderpsychiat. 35, 64–71.
Fedor-Freybergh, P. (1987): Pränatale und perinatale Psychologie und Medizin. Saphir München.
Feuling, M. (1990): Das Begehren ist das Begehren des Anderen. Zur Theorie der Intersubjektivität bei Jacques Lacan. Inaugural-Dissertation, Tübingen.
Foerster, v. H. (1984): Das Kombinieren einer Wirklichkeit. In: P. Watzlawick (Hrsg.): Die erfundene Wirklichkeit. Piper München Zürich 39–60.
Geißendörfer, Ch. und B. Heinzmann (1990): Möglichkeiten des therapeutischen Zugangs bei psychotischen Patienten über die Körperlichkeit. In. R. Lempp (Hrsg.): Die Therapie der Psychosen im Kindes- und Jugendalter. Huber Bern Stuttgart Toronto, 89–101.
Gillberg, Chr. (1988): Die Neurobiologie des frühkindlichen Autismus: Augenblicklicher Forschungsstand und künftige Forschungstrends. In: Bundesverband «Hilfe für das autistische Kinde V. (Hrsg.): Dritter Europäischer Kongreß «Autismus – heute und morgen.» International Association Autism – Europe, Hamburg, 43–54.
Glasersfeld v. E. (1985): Konstruktion der Wirklichkeit und des Begriffs der Objektivität. In: H. Gumin, A. Mohler (Hrsg.): Einführung in den Konstruktivismus. Oldenbourg München, 1–26.
Graichen, J. (1973) Teilleistungsschwächen, dargestellt an Beispielen aus dem Bereich der Sprachbenutzung. Z. Kinder-Jugendpsychiat. 1, 113–143.
Graichen, J. (1979): Zum Begriff der Teilleistungsstörungen. In: R. Lempp (Hrsg.): Teilleistungsstörungen im Kindesalter. Huber Bern Stuttgart Wien 43–62.

Graichen, J. (1983): Verschwinden Teilleistungsstörungen? Z. Kinder-Jugendpsychiat. 11, 355–362.
Graichen, J. (1984): Teilleistungsschwächen als Störfaktoren beim Aufbau des Realitätsbezuges. In: R. Lempp (Hrsg.): Psychische Entwicklung und Schizophrenie. Huber Bern Stuttgart Toronto. 69–77.
Günter, M. (1989): Gestaltungstherapie. Huber Bern Stuttgart Toronto.
Günter, M. (1990): Malen im therapeutischen Prozeß mit psychotischen Jugendlichen. Ein Mittel zur Regulierung von Nähe und Distanz. In: R. Lempp (Hrsg.): Die Therapie der Psychosen im Kindes- und Jugendalter. Huber Bern Stuttgart Toronto, 60–70.
Günter, M. und St. Becker (1990): Psychopharmaka als Hilfsmittel in der stationären Psychotherapie. In: R. Lempp (Hrsg.): Die Therapie der Psychosen im Kindes- und Jugendalter. Huber Bern Stuttgart Toronto, 153–157.
Gutermann, E. (1985): Lassen sich aus den Krankenakten kinder- und jugendpsychiatrischer Patienten, die erst später als schizophren diagnostiziert wurden, Hinweise auf die Ätiologie der Psychosen aus dem schizophrenen Formenkreis gewinnen? Inaugural-Diss. Tübingen.
Häfner, H. (1989): Ist Schizophrenie eine Krankheit? Nervenarzt 60, 191–199.
Hediger, H. (1984): Tiere verstehen. dtv München.
Held, K. (1990): Treffpunkt Plato. Reclam Stuttgart.
Hermle, L. und G. Oepen (1987): Hemisphärenlateralität und frühkindlicher Autismus. Nervenarzt 58, 644–647.
Hoffmann, B. (1976): Albert Einstein, Schöpfer und Rebell, Stuttgart. Inaugural-Dissertation Tübingen.
Huber, G. (1969): Pneumencephalographische und psychopathologische Bilder bei endogenen Psychosen. Monographien aus dem Gesamtgebiete der Neurologie und Psychiatrie. Heft 79, Springer Berlin Göttingen Heidelberg.
Irle, G. (1962): Das «Präcoxgefühl» in der Diagnostik der Schizophrenie. Arch. Psych. u. Z. Neurol. 203, 385.
Janzarik, W. (1983): Basisstörungen. Nervenarzt, 54, 43–62
Jaspers, K. (1953): Allgemeine Psychopathologie. 6. Aufl. Springer Berlin Göttingen Heidelberg. 250 ff.
Kanner, L. (1943): Autistic disturbances of affectic contact. Nerv. Child, 2,217–250.
Kaufman, B. N. (1981): Ein neuer Tag. DVA Stuttgart.
Kehrer, H. (1987): Das Erkennen und Lesen auf dem Kopf stehender (up side-down) Bilder und Schrift als Mehrleistung bei autistischen Kindern und Jugendlichen. Z. Kinder-Jugendpsychiat. 15, 315–326.
Keppler, K., R. Lempp, D. Paschedag, H. E. Rebmann, R. Rupps: Die frühkindliche Anamnese der Schizophrenen. Nervenarzt 50: 719–724 (1979).
Kimura, B. (1971): Mitmenschlichkeit in der Psychiatrie. Z. klin. Psychol. Psychother. 19, 3–13.
Klaus, M. H., J. H. Kenell (Ed.): Maternal Infant Bonding. Mosaby St. Louis (1976).
Kleefeld, H. (1990): «Begleitungen» bei psychotischen Patienten: Eine Form von Therapie im Alltag. In: R. Lempp (Hrsg.): Die Therapie der Psychosen im Kindes- und Jugendalter. Huber Bern Stuttgart Toronto, 160–168.
Klosinski, G. (1980): Zur Diagnose einer sogenannten Borderline-Persönlichkeitsstruktur in der Adoleszenz. Z. Kinder-Jugendpsychiat. 8, 18–40.

Klosterkötter, J. (1989): Wandlungen im Paradigma der Psychopathologie. Nervenarzt 60, 319–331.

Klosterkötter, J.: Schizophrenia simplex – gibt es das? Nervenarzt (1983) 54: 340–346.

König, Ch. (1990): Die Realität der therapeutischen Familie in der Behandlung von psychotischen Kindern und Jugendlichen. In: R.Lempp (Hrsg.): Die Therapie der Psychosen im Kindes- und Jugendalter. Huber Bern Stuttgart Toronto, 131–137.

Koller, D. (1990): Status oder Kompetenz: eine zusätzliche Konfusion für den psychotischen Patienten oder: Enthierarchisierung als therapeutisach wirksames Prinzip bei der Behandlung von frühen Störungen. In: R. Lempp (Hrsg.): Die Therapie der Psychosen im Kindes- und Jugendalter. Huber Bern Stuttgart Toronto, 169–176.

Koukkou, M. u. D. Lehmann (1980): Psychophysiologie des Träumens und der Neurosentherapie: Das Zustands-Wechsel-Modell. Fortschr. Neurol. Psychiatr. 48, 324–350.

Koukkou-Lehmann, M. (1987): Hirnmechanismen normalen und schizophrenen Denkens. Springer Verlag Berlin Heidelberg New York London Paris Tokyo.

Kraepelin, E. (1893): Psychiatrie. 4. Aufl. Barth Leipzig.

Kretschmer, E. (1949). Psychotherapeutische Studien. Thieme Stuttgart.

Kretschmer, W. (1972): Reifung als Grund von Krise und Psychose. Thieme Stuttgart.

Kringlen, E. (1971): Beiträge der neueren Zwillingsforschung zur Frage der Ätiologie und Pathogenese der Schizophrenie. In: M. Bleuler und J. Angst (Hgg.). Die Entstehung der Schizophrenie, Huber Bern Stuttgart Wien. 35–57.

Kügelgen,v. W. (1984): Jugenderinnerungen eines alten Mannes. 2. Aufl. Manesse Zürich. 266–288.

Lempp, F. (1990): Der körpertherapeutische Zugang bei Kindern mit schweren Persönlichkeitsstörungen. In. R. Lempp (Hrsg.): Die Therapie der Psychosen im Kindes- und Jugendalter. Huber Bern Stuttgart Toronto, 79–88.

Lempp, R. (1966): Die Schizophrenie im Kindes- und Jugendalter. Der Landarzt 42, 94–98.

Lempp, R. (1972): Die prognostische Bedeutung von Eigentumsdelikten bei Kindern und Jugendlichen. In: W. Hofmann u. W. Katein (Hrsg.): Jugend-Dissozialität. Neckar Villingen. 44–50.

Lempp, R. (1973): Psychosen im Kindes- und Jugendalter – eine Realitätsbezugsstörung. Huber, Bern Stuttgart Wien.

Lempp, R. (1974): Zur Genese der kindlichen Schizophrenie. Zschr. Kinder- u. Jugendpsychiatrie 2: 111–127 .

Lempp, R. (1978): Frühkindliche Hirnschädigung und Neurose. 3. Aufl. Huber Bern Stuttgart Wien.

Lempp, R. (1978): Die Entwicklung der nosologischen Vorstellungen über die kindlichen Psychosen. Psychiat. Neurol. Med. Psychol. (Leipzig) 30: 282–289.

Lempp, R. (1979): Die Teilleistungsstörungen in Klinik und Praxis. In: R. Lempp (Hrsg.): Teilleistungsstörungen im Kindesalter. Huber Bern Stuttgart Wien 126–140.

Lempp, R. (1979): Extrembelastung im Kindes- und Jugendalter. Huber Bern Stuttgart Wien.

Lempp, R. (1981): Folgerungen aus dem Verlauf des Autismus infantum in der Adoleszenz für die Nosologie der Schizophrenie. In: R. Lempp (Hg.): Adoleszenz. 178–190, Huber, Bern Stuttgart Wien .

Lempp, R. (1981): Folgerungen aus dem Verlauf des Autismus infantum in der Ado-

leszenz für die Nosologie der Schizophrenie. In: R. Lempp (Hrsg.) Adoleszenz Huber Bern Stuttgart Wien 178–190.
Lempp, R. (1982): Die Bedeutung der ersten Lebensjahre für die Entstehung einer schizophrenen Psychose im Erwachsenenalter. VI. Congreso de la union europea de paidopsiquiatras (Conferencias Magistrales). A. Serrate (Ed.). 163–192. Libreria general. Zaragoza.
Lempp, R. (1984) (Hrsg.): Psychische Entwicklung und Schizophrenie. Huber, Bern Stuttgart Toronto.
Lempp, R. (1984): Kann man im Kindesalter gegen Schizophrenie im Erwachsenenalter vorbeugen? In: G. A. E. Rudolf und R. Tölle (Hgg.): Prävention in der Psychiatrie. 100–103. Springer, Berlin/Heidelberg/New York/Tokyo
Lempp, R. (1984): Die Schizophrenien als funktionelle Regressionen und Reaktionen. In: R. Lempp (Hrsg.): Psychische Entwicklung und Schizophrenie. Huber Bern Stuttgart Toronto, 169–222.
Lempp, R. (1984): Kann man im Kindesalter gegen Schizophrenie im Erwachsenenalter vorbeugen. In: G. A. E. Rudolf und R. Tölle (Hgg.): Prävention in der Psychiatrie. 100–103. Springer, Berlin/Heidelberg/New York/Tokyo.
Lempp, R. (1985): Neuropsychological Disorders in Childhood and Schizophrenia. In: P. Pichot, P. Berner, R. Wolf and K. Thau (Eds.): Psychiatry. Plenum Publishing Corporation, 23–25.
Lempp, R. (1986): Schizophrene Erkrankungen – ein pathogenetisches Mosaik. In: G. Nissen (Hrsg.).: Psychiatrie des Jugendalters. Bern Stuttgart Toronto, 33–44.
Lempp, R. (1988): Die psychischen, psychosozialen und somatischen Bedingungen im Kindesalter und ihre Bedeutung für Genese und Verständnis der Schizophrenie. In: W. Janzarik (Hg.) Persönlichkeit und Psychose. 35–55 Enke. Stuttgart.
Lempp, R. (1988): Gibt es eigentlich psychotische Symptome? Acta paedopsychiatrica 51: 172–177.
Lempp, R. (1989): Anmerkungen zu K. Ludewig und H. Hartman In: W. Rotthaus (Hrsg.): Psychotisches Verhalten Jugendlicher. Verlag modernes lernen, Dortmund, 60–68.
Lempp, R. (1989): Die Pubertätskrise und ihre psychiatrische Bedeutung. Fundamenta Psychiatrica 3, 77–80.
Lempp, R. (1989): Entwicklungspsychologische und -psychopathologische Aspekte der Entstehung schizophrener Psychosen. Wiss. Z. Univ. Halle XXXVIII, 101–106.
Lempp, R. (1990): Eine entwicklungsgeschichtliche Theorie der schizophrenen Psychosen als Grundlage ihrer Therapie. In.: R. Lempp (Hrsg.): Die Therapie der Psychosen im Kindes- und Jugendalter. Huber Bern Stuttgart Toronto , 46–50.
Lempp, R. (1990): Prinzipien der Therapie psychotischer Kinder und Jugendlicher. In: R. Lempp (Hrsg.): Die Therapie der Psychosen im Kindes- und Jugendalter. Huber Bern Stuttgart Toronto, 188–194.
Lempp, R. (1990): Prinzipien der Therapie der Schizophrenie Jugendlicher. In: H. Ch. Steinhausen (Hrsg.): Das Jugendalter, Entwicklungen – Probleme – Hilfen. Huber Bern Stuttgart Toronto, 205–212.
Lempp, R. (1990): Prinzipien der Therapie psychotischer Kinder und Jugendlicher. In.: R. Lempp (Hrsg.): Die Therapie der Psychosen im Kindes- und Jugendalter. Huber Bern Stuttgart Toronto, 188–194.
Lempp, R. (1990): Was ist Autismus? Futura 1/90 April, 11–16.

Lempp, R. und D. Röcker (1981): Die Adoleszenz beim frühkindlichen Autismus. In: R. Lempp (Hrsg.): Adoleszenz Huber Bern Stuttgart Wien 166–177.
Lempp, R. und F. Fuchs (1988): Affektive, schizoaffektive und schizophrene Psychosen im Kindes- und Jugendalter. In: H. J. Friese und G. Trott (Hgg.): Depressionen in Kindheit und Jugend. Huber Bern Stuttgart Toronto 59–65.
Leuner. H., Horn, G., Klessmann, E. (1990): Katathymes Bilderleben mit Kindern und Jugendlichen, 3. Auflage, Ernst Reinhardt Verlag München Basel
Lévi-Strauss, C. (1987): Die eifersüchtige Töpferin. Greno Nördlingen. 295–297.
Lutz, J. (1971): Zur Frage der Entstehung der Schizophrenie. Beitrag der Kinderpsychiatrie. In: M. Bleuler und J. Angst (Hgg.) Die Entstehung der Schizophrenie, Huber Bern Stuttgart Wien. 11–20.
Mahler, M. S. (1979): Symbiose und Individuation. Bd. 1, Psychosen im frühen Kindesalter. Klett-Cotta Stuttgart
Mednick, S. A. u. F. Schulsinger(1980): Kinder schizophrener Eltern. In: H. Remschmidt (Hrsg.): Psychopathologie der Familie und kinderpsychiatrische Erkrankungen. Huber Bern Stuttgart Wien 35–49.
Mednick, S. A. u. F. Schulsinger (1980): Longitunal research in early detection and prevention of mental illness. In: G. W. Schimmelpenning (Hrsg.): Psychiatrische Verlaufsforschung. Huber Bern Stuttgart Wien, 33–57.
Müller-Wiedemann, H. (1981). Zur Früherkennung autistischer Kinder. Einsichten und Aufgaben aus anthroposophischer Menschenkunde. In.: G. Biermann (Hrsg.): Handbuch der Kinderpsychotherapie, Band IV, Reinhardt München. 747–755.
Mundt, Ch. u. S. Kasper (1988): Sind negative und Basissymptome spezifisch für Schizophrenie? In: F. Böcker und W. Weig (Hrsg.): Aktuelle Kernfragen in der Psychiatrie. Springer Berlin Heidelberg New York London Paris Tokyo, 122–127.
Munk, B. (1990): persönliche Mitteilung.
Nuechterlein, K. H., M. E. Dawson (1984): A heuristic vernerabilty/stress model of schizophrenic episodes. Schizophrenia Bulletin 10, 300–312.
Oerter, R. (1984): Psychische Entwicklung als Realitätskonstruktion. In: R. Lempp (Hrsg.): Psychische Entwicklung und Schizophrenie. Huber Bern Stuttgart Toronto. 45–58.
Olbrich, R. (1983): Expressed Emotion (EE) und die Auslösung schizophrener Episoden: eine Literaturübersicht. Nervenarzt 54: 113–121.
Olbrich, R. (1987): Die Verletzbarkeit des Schizophrenen J. Zubins Konzept der Vulnerabilität. Nervenarzt 58, 65–71.
Papoušek, M. u. H. Papoušek (1981): Intuitives elterliches Verhalten im Zwiegespräch mit dem Neugeborenen. Sozialpädiatrie in Klinik und Praxis 3, 229–238.
Papoušek, M. (1981): Die Bedeutung musikalischer Elemente in der frühen Kommunikation zwischen Eltern und Kind. Sozialpäd. 3, 412–415.
Papoušek, H. (1974): Die Mutter-Kind-Beziehung und die kognitive Entwicklung des Kindes. In: G. Nissen und P. Strunk (Hrsg.): Seelische Fehlentwicklung und Gesellschaftsstruktur. Luchterhand Neuwied, 83–100.
Piaget, J. (1978): Das Weltbild des Kindes. Klett Cotta Stuttgart.
Pichot, P. (1984): Ein Jahrhundert Psychiatrie. Hoffman-La Roche Basel
Ping-Nie Pao (1979): Schizophrenic disorders. International Universities Press New York.
Prekop, I. (1984): Festhalten. Behinderte, 3, 6–22.
Remschmidt, H. (1988): Sind kinder- und jugendpsychiatrische Erkrankungen Vorstu-

fen psychiatrischer Erkrankungen des Erwachsenenalters? In: F. Böcker und W. Weig (Hrsg.): Aktuelle Kernfragen in der Psychiatrie. Springer Berlin Heidelberg New York London Paris Tokyo, 66–75.

Remschmidt, H. und C. Oehler (1990): Die Bedeutung genetischer Faktoren in der Ätiologie des frühkindlichen Autismus. Z. Kinder-Jugendpsychiat. 18, 216–223.

Ritvo, E. R. (1988): Neuropathologie, Epidemiologie, Familienuntersuchungen, Elektroretinographie, Immunologie und Fenfluramin-Behandlung. Dritter Europäischer Kongreß 6.–8. 5. 1988. Kongreßbericht. International Association Autism – Europe. Hamburg, 35–42.

Rohde-Dachser, Ch. (1982): Das Borderline-Syndrom. 2. Aufl. Huber Bern Stuttgart Wien.

Rosenthal, D.: Two Adoption Studies of Heredity in the Schizophrenic Disorders. In: M. Bleuler und J. Angst (Hgg.). Die Entstehung der Schizophrenie, Huber Bern Stuttgart Wien. 1971. 21–34.

Rothenberger, A. (1990): Gehirnentwicklung und Verhalten bei autistischen Kindern. Acta paedopsychiatrica 53, 192–196.

Rümke, H. T. (1958): Die klinische Differenzierung innerhalb der Gruppe der Schizophrenien. Nervenarzt 29, 49–53.

Scharfetter, Ch. (1984): Wahn aus der Sicht veränderter Wachbewußtseinszustände. Vortrag Marburg 26. 5. 84.

Scharfetter, Ch. (1985): Allgemeine Psychopathologie 2. Aufl. Thieme Stuttgart.

Scharfetter, Ch. (1986): Schizophrene Menschen. 2. Aufl. Psychologie Verlags Union Urban & Schwarzenberg München Weinheim

Schmidt, R. (1980). Träume und Tagträume. Kohlhammer Stuttgart Berlin Köln Mainz.

Schmidt-Degenhard, M. (1988): Disposition – Vulnerabilität – Verletzlichkeit. Nervenarzt 59, 573–585.

Schneider, K. (1971): Klinische Psychopathologie. 9. Aufl. Thieme Stuttgart.

Schönfelder, Th. (1990): Gegenwärtigkeit im therapeutischen Prozeß. In: R. Lempp (Hrsg.): Die Therapie der Psychosen im Kindes- und Jugendalter. Huber Bern Stuttgart Toronto, 72–78.

Schopler, E. Carol, E. A. and Strupp K. (1979): Do autistic children come from upper-middle-class parents? J. of Autism and Developmental disorders, 9, 139–152.

Schörner, K. (1990) Die soziale Herkunft autistischer Kinder. Inaugural-Dissertation, Tübingen.

Schulsinger, F. u. S.A. Mednick (1981): Implications from the first 18 years of a prospective study on children at high-risk for schizophrenia. In: G. Huber (Hrsg.): Schizophrenie Schattauer Stuttgart New York, 167–178.

Schulte, W. (1958): Versuch einer Synopsis der derzeitigen Auffassungen über die Gruppe der Schizophrenien. Wege zum Menschen, 10, 278–286.

Seelig, C. (1960): Albert Einstein, 3. Aufl., Zürich.

Shields, J.: Concepts of Heredity for Schizophrenia. In: M. Bleuler und J. Angst (Hgg.). Die Entstehung der Schizophrenie, Huber Bern Stuttgart Wien. 1971. 59–75.

Silbereisen, R. K. (1984): Zur Entwicklung von sozialem Wissen und Verstehen: Perspektivenkoordination. In: R. Lempp (Hrsg.): Psychische Entwicklung und Schizophrenie. Huber Bern Stuttgart Toronto. S. 59–68.

Snehnewski, A. W. (1972): Schizophrenie. VEB Georg Thieme Leipzig 1977
Spitz, R. (1957): Die Entstehung der ersten Objektbeziehung. Klett Stuttgart.
Steffenburg, S. (1989): A Twin Study of Autism in Denmark, Finland, Iceland, Norway and Sweden. J. Child Psychiat. Vol. 30, 405–416.
Straube, E. (1984): Psychologische und psychobiologische Risikofaktoren in der Genese der Schizophrenie. In: R. Lempp (Hrsg.): Psychische Entwicklung und Schizophrenie. Huber Bern Stuttgart Toronto. 82–101.
Strobl, R. und F. Resch (1988): Der schizophrene Konkretismus. Nervenarzt 59, 99–102.
Süllwold, L. (1983): Schizophrenie. Kohlhammer Stuttgart.
Süllwold, L.: Schizophrene Basis-Defizite und Teilleistungsstörungen. In: R. Lempp (Hrsg.): Psychische Entwicklung und Schizophrenie. Huber Bern Stuttgart Toronto. 78–81.
Tantam, D. (1988): Asperger´s syndrom. J. Child Psychol. Psychiat. Vol. 29, 245–255.
Tinbergen, N. (1983): Autistic Children. New Hope for a Cure. London.
Tölle, R. (1988): Psychiatrie 8. Aufl. Springer Berlin Heidelberg New York London Paris Tokyo 180.
Verheij, F. (1990): Autismusähnliche Störungen. Auf die Entwicklungspsychopathologie gegründete Behandlung. Vortragsmanuskript. Jahrestagung der Bundesvereinigung für Erziehungsberatung, Aachen 1990.
Weber, D. (1979): Autistische Syndrome des Kindesalters und Schizophrenie. In. H. Remschmidt und H. Schüler- Springorum (Hrsg.): Jugendpsychiatrie und Recht. Festschrift für Hermann Stutte. Heymanns Verlag Köln, 193–212.
Weakland, J. H. (1969): «Double Bind»-Hypothese und Dreierbeziehung. In: Bateson, G. u.a.: Schizophrenie und Familie, Suhrkamp Frankfurt am Main, 221–244.
Welch, M. (1983): Retrievel from Autism through mother-child-holding Therapy. In Tinbergen, N. (ed.): Autistic Children. New Hope for a Cure. London.
Wernicke, C. (1991): Therapie des Kindes, Sättigung der Grundbedürfnisse. In: Gesellschaft zur Förderung des Festhaltens (Hrsg.): Dokumentation 1. Internationaler Kongreß «Festhalten» in Regensburg. Stuttgart, 194–230.
Wewetzer, K. H. (1959): Das hirngeschädigte Kind. Thieme Stuttgart.
Winnicott, D. W. (1953): Transitional objects and transitional phenomena. Int. J. Psychoanal. 34, 89–97.
Winnicott, D. W. (1979): Vom Spiel zur Kreativität. 2. Aufl. Klett Cotta Stuttgart.
Wynne, L. C. u. a. (1969): Pseudegemeinschaft in den Familienbeziehungen von Schizophrenen. In: Bateson, G. u. a. Schizophrenie und Familie, Suhrkamp Frankfurt am Main, 44–80.
Zimmermann, B. (1990): Die Wiederholung von Krisen im Elternhaus in der stationären Behandlung psychotischer Krisen Jugendlicher. In: R.Lempp (Hrsg.): Die Therapie der Psychosen im Kindes- und Jugendalter. Huber Bern Stuttgart Toronto, 122–130..
Zöller, Dietmar (1989): Wenn ich mit euch reden könnte. Scherz Bern München Wien.
Züblin, W. (1983): Zur Anamnese adoleszenter Schizophrener – Gleichzeitig ein Beitrag zum Problem der Genese der Schizophrenie – Unveröffentlichtes Vortragsmanuskript.

Sachregister

Anzeigen

Gunther Klosinski (Herausgeber)

Pubertätsriten

Äquivalente und Defizite in unserer Gesellschaft

1991, 197 Seiten, 12 Abbildungen (davon 9 vierfarbige), 11 Tabellen, kartoniert Fr. 44.— / DM 49.80

Sind Konfirmation, Pfadfindertum, Jugendweihe usw. als Initiationsäquivalente anzusehen oder sind sie überlebte Relikte einer ehemals reichen Vielfalt gesellschaftlicher Initiationsformen? Die Autoren äußern sich zu diesem Problembereich aus der Sicht der Volks- und Völkerkunde, der Tiefen- und Entwicklungspsychologie sowie der Sozial- und Religionswissenschaften im Dialog mit der Kinder- und Jugendpsychiatrie. Vieles davon läßt sich – sowohl für den klinischen Alltag als auch präventiv in der Beratung – fruchtbringend umsetzen.

Verlag Hans Huber
Bern Göttingen Toronto

Gunther Klosinski (Herausgeber)

Psychotherapeutische Zugänge zum Kind und zum Jugendlichen

184 Seiten, 66 Abbildungen (davon 13 farbig), 5 Tabellen, kartoniert Fr. 43.— / DM 49.—

Einen ungewöhnlich lebendigen Einblick in die psychotherapeutische Arbeit vermittelt dieses Buch: Zur Sprache kommen u. a. psychoanalytische Zugangsweisen, kunsttherapeutische Aspekte, das katathyme Bilderleben, körperzentrierte Psychotherapie, Psychodrama, Familientherapie und Musiktherapie, jeweils mit klinischen Beispielen. Spezielle Hinweise werden gegeben für den Umgang mit Kindern in einer Scheidungssituation.

Luc Ciompi / Hans-Peter Dauwalder (Herausgeber)

Zeit und Psychiatrie

Sozialpsychiatrische Aspekte

1990, 234 Seiten, 14 Abbildungen, 5 Tabellen, kartoniert Fr. 39.— / DM 44.80

In Psychiatrie und Sozialpsychiatrie werden Behandlungen nicht selten ohne adäquate Zeitperspektive begonnen und in ihrer längerfristigen Wirkung überschätzt. Jeder, der mit psychischen Leiden zu tun hat, findet in diesem Buch viele anregende Denkanstöße und praktische Hinweise zum Thema Zeit in der Psychiatrie. Wohl einzigartig ist der eigens für dieses Buch verfaßte Beitrag von Peter Bichsel über die Zeit und das Erzählen. Dieses Buch kann uns helfen, die nötige Geduld und Zeit für unsere Patienten – trotz allen sonstigen Belastungen – wieder zu finden.